KAWAKAMI Hiromi

Soudain, j'ai entendu la voix de l'eau

Roman traduit du japonais
par Elisabeth Suetsugu

Éditions
Philippe Picquier

DU MÊME AUTEUR

AUX ÉDITIONS PHILIPPE PICQUIER

Les Années douces

Cette lumière qui vient de la mer

La Brocante Nakano

Manazuru

Le Temps qui va, le temps qui vient

Les Dix Amours de Nishino

Titre original : *Suisei*

Mas de Vert
B.P. 20150
13631 Arles cedex
www.editions-picquier.fr

Conception graphique : Picquier & Protière

En couverture : Ogata Kôrin © Editions Philippe Picquier / INHA

Mise en page : Christiane Canezza – Marseille

ISBN : 978-2-8097-1368-8
ISSN : 1251-6007

1969 / 1996

Les soirs d'été, on entendait un oiseau chanter. Un cri bref et sourd.

D'habitude l'été, si on se couche sans fermer les volets en laissant seulement les moustiquaires tirées, on finit par se refroidir, mais cette année-là le corps conservait jusqu'au bout la fièvre de la journée.

Quand on sort de notre chambre pour aller dans le couloir, on trouve au premier détour celle où maman était couchée. C'est dans cette chambre qu'elle est morte. La maison est d'une structure complexe, pleine de recoins, et seule cette pièce restait éclairée, dans la vive clarté d'une lampe.

Je pense toujours à maman quand je change les draps, des draps de lin qui crissent légèrement. Elle avait à peine dépassé la cinquantaine. Après sa mort, papa est parti s'installer dans un appartement. Ce qui explique que la maison soit restée vide pendant dix ans, jusqu'à ce que Ryô et moi venions de nouveau nous y installer, en 1996.

Je me souviens bien du moment où pour la première fois depuis longtemps j'ai franchi le seuil. La porte d'entrée était munie de trois serrures, précaution pour décourager d'éventuels intrus. Sans savoir quelle clé ouvrait quelle serrure, j'ai tâtonné d'une main hésitante, laissant ma paume effleurer le métal au hasard.

Le couloir était glacial, rouillé le cadre des fenêtres donnant sur le jardin. J'ai ouvert les volets, enfilé les sandales qu'on avait abandonnées sur une dalle et qui étaient tout abîmées par la pluie, et je suis descendue dans le jardin. Le mois d'avril était à son apogée. Les fleurs du cerisier commençaient à tomber. Le *kuromoji*, cet arbuste à fleurs jaunes ombellées, le cerisier nain, au pied des hortensias, les stellaires et les séneçons me frôlaient la cheville. Tandis que je marchais, les sandales se sont disloquées. J'ai continué à avancer, si bien que je me suis retrouvée à fouler de mes pieds nus le mouron des oiseaux.

Il y a une pièce de la maison à laquelle j'ai décidé de ne pas toucher. Elle est à l'étage. J'ai mis un cadenas sur la porte. Quand Ryô est parti travailler et que je me retrouve seule à la maison, des bruits me parviennent de la pièce cadenassée. *Kachi. Kachi. Kachi.*

C'est le tic-tac d'une horloge. J'ai beau le savoir, par moments je me prends à douter, une sorte d'effroi me saisit.

Si je regarde par le trou de la serrure, je peux apercevoir une horloge accrochée au mur. Elle est noire. Papa adorait acheter des montres. Il avait acheté une trentaine de montres à mille yens, qu'il se plaisait à offrir. Il allait jusqu'à en donner deux voire trois en même temps. Il croyait faire plaisir, mais il n'y avait personne pour se réjouir de bon cœur, tout le monde se sentait gêné, et à chaque fois papa se montrait à moitié en colère à moitié déçu. Finalement, il a cessé d'acheter des bracelets-montres, pour se fixer sur des pendules murales ou encore des réveille-matin destinés à la maison.

Il n'y avait pas seulement le bruit de l'horloge. Il y avait aussi celui des trois pendules, celui du cadenas. Par le trou de la serrure, on ne pouvait pas les voir, mais les trois pendules émettaient des sons différents. *Kotsu kotsu*, *toto toto, chichi chichi*. Les quatre sons semblaient se recouvrir, jamais pourtant ils ne coïncidaient exactement.

Comme pour chasser le rythme lancinant, j'ai ouvert la fenêtre du couloir. L'odeur de l'herbe est montée à mes narines.

Les odeurs réveillent les souvenirs.

Quand je sens l'odeur brûlante de l'asphalte qui revêt le sol uniformément, je me souviens de l'été 1969 où je buvais à tout moment des bouteilles de Seven Up.

Cet été-là, j'avais onze ans, Ryô, dix ans.

Quand on buvait à la bouteille, le liquide qui descendait dans la gorge quand on approchait les lèvres du goulot vert foncé brûlait la poitrine. Nahoko ne disait pas *Seven Up,* elle prononçait quelque chose comme *Sevenââ.* C'était l'été de l'année qui avait suivi son retour d'Amérique. Quand elle mêlait des mots d'origine anglaise dans la conversation, elle les prononçait à la façon d'une animatrice de la chaîne FEN. Attendez-moi sur la *plâfôô* (elle ne disait pas quai mais plate-forme) de la gare Fujimigaoka, en tête du train ! Quand Ryô et moi éclations de rire tant sa façon de parler nous amusait, elle se fâchait. Nous avions le même âge, Nahoko et moi. Après cinq années passées en Amérique, elle avait commencé à fréquenter l'école du quartier, et les enfants lui menaient la vie dure.

Nous n'avions pas ce qu'on appelle « de la famille à la campagne », ou en province. Les parents de Nahoko avaient leur maison à Setagaya, quant à la maison natale de sa mère qui était une amie d'enfance de la mienne, elle se trouvait à Asakusa. La famille de son père était du quartier d'Ueno.

Ryô et moi, tout comme Nahoko, n'avions de refuge qu'à Tôkyô. De tous les quartiers de la capitale, le plus calme était celui où nous habitions, Suginami. A l'époque, on y voyait encore des rizières et beaucoup de terres en friche.

Quand Nahoko est arrivée de l'aéroport, elle est entrée dans la maison sans enlever ses chaussures, vous vous rendez compte ! Et sa mère riait tant et plus. Nahoko avait une moue gênée qui lui plissait le nez. La mère de Nahoko racontait toujours les mêmes choses. Cette enfant a appris très vite à parler anglais, mais moi, je n'ai jamais pu. Quand on regardait des émissions drôles à la télé, la petite riait tout de suite, moi, c'était toujours à retardement !

Si Nahoko se faisait malmener à l'école, c'était parce qu'elle prononçait l'anglais comme de l'anglais. Sa mère ne se faisait aucun souci et continuait à plaisanter. Pendant les grandes vacances, aucun enfant du voisinage ne voulant jouer avec Nahoko, elle était venue passer deux semaines chez nous, dans notre maison de Suginami. Nous sautions à la corde, nous allions chasser les libellules avec Ryô dans les terrains vagues, les enfants du quartier les enfermaient dans des boîtes, mais Nahoko ne faisait pas seulement mine de vouloir participer à nos jeux.

« Tu t'ennuies ? » demandais-je, mais elle se contentait de secouer la tête. La seule occasion où elle avait un air déterminé, c'était quand elle buvait une bouteille de Seven Up. Le supermarché qui avait ouvert depuis peu dans le quartier n'avait que du Coca-Cola et de la citronnade, si bien que quand l'heure la plus chaude de l'après-midi était passée, munis de l'argent de poche que maman m'avait donné et que j'avais mis dans un petit portefeuille, nous marchions tous les trois jusqu'à la grande artère. C'était seulement dans une petite échoppe au bord de la route qu'on trouvait du Seven Up.

En vain Nahoko passait la commande, car la patronne ne comprenait pas ce qu'elle voulait. Invariablement, c'était Ryô qui demandait poliment trois bouteilles décapsulées.

La route à voie unique était en travaux. On l'élargissait à trois voies. C'était la deuxième année depuis le début des travaux. L'été, l'asphalte fumait. Tous les trois nous restions assis sagement alignés sur le trottoir de l'annexe de la mairie de l'arrondissement à regarder la pelleteuse qui creusait la terre avec des tremblements terribles. Parfois, une averse faisait briller le noir du bitume à peine sec. La pluie cessait bientôt, l'eau tombée du ciel s'infiltrait instantanément dans l'air, et l'humidité imprégnait tout.

Avant que la maison soit de nouveau habitable, plus de six mois ont été nécessaires pour débarrasser les meubles et les objets qui avaient été laissés à l'abandon depuis la mort de maman. J'ai commencé par la cuisine. Quatre ouvre-bouteilles rouillés. Deux louches bosselées. Une cuvette toute terne et une passoire en bambou pourrie. Des baguettes en bois jaunies, des bols ébréchés. Je jetais tout au fur et à mesure mais je n'en voyais pas la fin. La cuisine si vivante avait perdu sa maîtresse, les ustensiles joyeux avaient perdu leur brillant. Pourtant, tandis que mon regard s'attardait sur les objets qui n'avaient pas rouillé, ceux qui n'étaient pas fêlés et qui avaient gardé leur éclat, l'importance du rôle qu'ils avaient merveilleusement joué autrefois devenait presque palpable. J'ai gardé une boîte à compartiments superposés qui portait une inscription commémorant les vingt ans d'un événement qui ne me disait strictement rien, ainsi qu'une casserole en alu peu profonde. Une bouilloire qui siffle quand l'eau bout. J'ai hésité devant un gril brunâtre, mais finalement je l'ai jeté, avec un étui à lunettes dont la couleur avait passé mais qui semblait en bon état (je me demande pourquoi il se trouvait dans un tiroir à côté de l'évier).

Après la cuisine, je me suis occupée de la literie. J'ai sorti des placards matelas, édredons, draps et housses. Une dizaine de coussins. Tout était alourdi par l'humidité qui imprégnait la ouate, d'ailleurs moisie. Je suis allée demander dans un magasin s'il était possible de remettre à neuf la literie, mais je n'ai obtenu qu'une réponse mitigée. Je m'en suis débarrassée petit à petit, de crainte d'être en proie aux critiques du voisinage si je déposais le tout en même temps le jour où les services de la voirie passaient. Vous n'avez pas honte de jeter comme ça les choses que vos parents ont précieusement accumulées ?

Les proches voisins habitaient le quartier depuis très longtemps. Maman avait planté beaucoup d'arbres dans le jardin. Un pêcher. Un plaqueminier. Un prunier. Un néflier. Un figuier. La plupart des arbres étaient d'espèce courante. Peut-être parce qu'ils poussaient serrés les uns contre les autres dans un jardin qui n'était pas particulièrement grand, ils ne donnaient pas de fruits tous les ans. Le prunier, par exemple, ne donnait que cinq fruits une année sur deux.

C'est vers le moment où j'ai fini de mettre dans l'ordre dans la maison que j'ai commencé à rêver de maman.

Dans mes rêves, maman parlait avec une grande douceur.

Si je comprends bien, vous avez fini par habiter ensemble ?

Maman était vêtue d'un *yukata* décoré d'un motif de papillons. Le fond était blanc, le motif indigo avec un peu de rouge. Est-ce parce qu'elle portait toujours ce *yukata* depuis qu'elle était alitée ? Je ne pouvais pas m'empêcher de m'inquiéter à l'idée qu'elle devait avoir un peu froid car nous étions déjà en automne.

Se tenait-elle à mon chevet dans mon sommeil ? Tout le monde sait que Dieu et les saints viennent près de nous quand nous dormons. Puisque maman était morte, elle était devenue une sainte. Elle parlait avec tendresse et je me disais qu'elle me pardonnait.

Oui, nous vivons ensemble.

Dans mon rêve, je me faisais câline.

Maman a eu un petit rire, avant de dire, mais dis donc, es-tu bien sûre que cela se fait ? J'ai frissonné. Pourtant, elle avait un sourire aux lèvres.

Maman s'est tout de suite effacée. Quand je me suis réveillée, je tremblais encore. Je n'ai rien dit à Ryô.

Ryô était un enfant silencieux.

En revanche, l'éclat de ses yeux était extraordinaire, et quand il plongeait son regard dans le vôtre, c'était comme si vous étiez soulevé de terre, il était impossible de lui résister. Mais j'étais sans doute la seule à penser ainsi, car Nahoko ne se gênait pas pour le traiter comme un petit garçon.

« On n'a pourtant qu'un an de différence », grommelait Ryô, mais Nahoko répliquait calmement : « Tu oublies que nous avons deux ans de différence pour la scolarité ! »

Nahoko et moi étions nées la même année, mais elle était dans la classe au-dessus parce que son anniversaire tombait un mois avant le mien.

Ryô réussissait en tout. Quand on faisait la course, il arrivait le premier, ses œuvres étaient immanquablement affichées dans la salle de dessin, dans les chœurs, on lui confiait la direction. Et sur son carnet, il avait presque toujours la meilleure note dans toutes les matières.

« C'est possible d'avoir partout le maximum ? » a demandé Nahoko.

Ryô a apporté son carnet et l'a tendu à Nahoko.

« Eh ben dis donc ! » Elle ouvrait de grands yeux. Puis elle a murmuré quelque chose en anglais, avant de rendre à Ryô son carnet sans le refermer.

« Qu'est-ce que tu as dit ?

— J'ai dit que ça devait être l'enfer d'être comme ça le meilleur. »

Ryô a éclaté de rire. Il ne lui arrivait que rarement d'avoir un rire aussi franc. L'espace d'une seconde, j'ai senti au cœur un pincement de dépit.

L'enfer.

L'enfer.

L'enfer.

Ryô a répété le mot plusieurs fois, dans un murmure. Exactement comme s'il suçait un bonbon.

Cette année-là, l'été fut torride. Nahoko était en dernière année de primaire, moi en cinquième année, Ryô en quatrième. Nahoko nous a raconté qu'on avait donné un concert de chansons folk à Shinjuku, sur le parterre ouest de la gare. Sa façon de prononcer *folk song* ressemblait plutôt à quelque chose comme *fââson*. Qu'est-ce que c'est que ça, *fââson* ? a demandé Ryô. C'est des chansons. On s'accompagne à la guitare et on chante pour protester contre la guerre. Je ne comprenais pas très bien comment une chanson pouvait servir à protester contre la guerre. Alors, l'amphi Yasuda[1], ça n'évoque rien non plus pour toi ? Visiblement, Nahoko n'en revenait pas. Il y a un rapport avec la chanson de Nabe Osami, c'est ça ? a demandé Ryô. Nahoko a secoué la tête. J'ai envie de boire une autre bouteille de *Sevennââ* ! Puis elle s'est amusée à souffler sur l'épais goulot de la bouteille vide et elle a murmuré quelque chose, sans plus rien ajouter à propos des *fââson* ou de l'amphithéâtre. Impossible, on a tout dépensé, a dit Ryô. Nahoko a haussé les épaules en lançant « JC ! ». Ni Ryô ni moi ne savions que c'était l'abréviation de Jésus-Christ. Nahoko écoutait tout le temps à la radio la chaîne FEN. Elle collait son oreille, fermait les yeux, comme pour entendre les paroles d'un être cher. Je me souviens encore de son expression tendue quand elle tournait le bouton pour chercher la fréquence, ses gestes mystérieux. Quand soudain le chaos du bruit se transformait en une voix humaine, j'avais l'impression d'avoir été entraînée dans les profondeurs d'un marais.

Dans mes rêves, maman avait les cheveux relevés.

Je ne l'ai jamais vue coiffée ainsi. Maman avait toujours les cheveux très courts, une coupe qui lui laissait le cou bien dégagé. Elle était mince, pourtant elle avait un cou large. J'ai vu une fois papa caresser sa nuque moite, comme s'il voulait essuyer du bout des doigts la sueur qui perlait sur la peau. Maman a frissonné légèrement, se contentant de dire, non, s'il te plaît !

Il y avait une question que je voulais poser à maman.

Mais du temps où elle était en vie, je ne savais pas comment lui demander ni par où commencer.

Quand je sortais de mon rêve, j'étais toujours couchée sur le côté gauche. Ryô qui était allongé à ma droite me tournait le dos. Je me redressais et j'écoutais la respiration de Ryô endormi à côté de moi. J'allongeais le bras sous les couvertures et j'effleurais sa main. Je m'éloignais aussitôt, pour cette fois tendre mon visage vers lui, me retrouvant ainsi allongée sur le côté droit, et je m'endormais d'un sommeil léger.

Maman ! Quand j'ai de nouveau erré dans un songe, je l'ai appelée. Pourquoi vivais-tu avec papa ?

C'était la question que je n'avais jamais réussi à formuler quand elle vivait.

La respiration de Ryô était parfois irrégulière. Dans ces moments, un soupir profond comme un regret s'échappait de sa bouche. Quand sa respiration retrouvait sa régularité, j'exhalais le souffle que j'avais contenu jusque-là.

La construction de la maison remontait à une cinquantaine d'années, le plancher était légèrement de guingois et les portes avaient du jeu. La grande couleuvre qui autrefois avait élu domicile à l'abri des volets avait disparu sans qu'on s'en aperçoive. Chaque fois que je tirais les moustiquaires, que je fermais les volets ou tournais la poignée de la porte qui séparait le séjour de la cuisine, je sentais de façon palpable le temps de mon enfance où je gambadais dans la maison, j'évoquais l'ombre de Ryô et de Nahoko. Qu'on n'aille pas s'imaginer que ces silhouettes avaient des contours précis, certes non, mais elles traversaient mon regard avec une rapidité fulgurante et un éclat intense.

La respiration de Ryô devenait saccadée à nouveau. J'appliquais une main légère sur sa bouche et ses narines, et je sentais quelque chose de chaud qui rendait ma paume un peu moite. L'édredon sous lequel il était enfoui se soulevait imperceptiblement. Des cheveux blancs avaient poussé, la peau avait durci, mais quand je restais ainsi à observer les traits de Ryô, je pouvais retrouver dans son visage vieilli l'expression qui était la sienne quand il était enfant.

Miyako ! Depuis toujours, j'aimais la voix de Ryô quand il m'appelait.

Nahoko disait des choses bizarres. Par exemple que la télé chez elle avait treize chaînes.

« Menteuse ! »

Ryô affirmait que ce n'était pas vrai, et Nahoko avait pris un air froissé.

« C'est la vérité. Si tu ne me crois pas, tu n'as qu'à venir voir toi-même ! »

Cette fois-là, l'histoire s'était terminée sans qu'on sache exactement le pourquoi et le comment, mais peu après la fin des grandes vacances, Ryô a déclaré qu'il allait chez Nahoko. Pour moi, il était évident que je l'accompagnais, je ne voyais même pas l'utilité de poser la question pour m'en assurer. Or, un samedi du mois de septembre, à peine rentré de l'école, Ryô est parti tout seul.

Moi, j'attendais son retour dans le terrain vague devant la gare. L'été n'était pas vraiment fini et il faisait encore très chaud, sans le moindre vent frais qu'on est en droit d'espérer en fin de journée. Chaque fois qu'un train vert glissait le long du quai, je sentais un pincement au creux de l'estomac.

J'avais beau attendre, Ryô n'apparaissait pas. Les couleurs du couchant me semblaient étranges. A la couleur rouge se mêlaient du violet et du jaune. Je n'avais encore jamais vu un tel crépuscule. Au fait, quelle est la couleur du soleil couchant d'habitude ? J'ai commencé à réfléchir, mais je n'y comprenais plus rien. Tout ce que je m'imaginais savoir, voilà que je ne m'y retrouvais plus ! J'étais hébétée. Les silhouettes des passants me semblaient anormalement allongées. Le cri des milans résonnait étrangement à mon oreille.

Quand Ryô a fini par arriver, il était plus de six heures. Le crépuscule qui illuminait le ciel à l'instant s'était estompé, le soleil s'était couché, les libellules rouges qui tout à l'heure volaient en tous sens étaient invisibles. J'ai voulu m'élancer au-devant de lui, mais mes jambes refusaient de me porter. Pourquoi es-tu venue me chercher ? J'étais paniquée à l'idée de m'entendre dire ça. Résolument, Ryô s'est mis à marcher en direction de la maison. Je l'ai suivi en m'efforçant d'étouffer le bruit de mes pas car je ne voulais à aucun prix qu'il découvre ma présence. A l'instant où Ryô s'engouffrait par la porte d'entrée, mes genoux ont fléchi. Je me suis relevée précipitamment et je me suis frotté les yeux. Sans que je m'explique pourquoi, ils étaient pleins de larmes. Je ne savais pas si je pleurais de joie ou de tristesse. J'ai songé que je n'avais pas eu l'occasion de voir Ryô de dos depuis une éternité.

L'année qui a précédé notre retour dans cette maison en 1996, Ryô se trouvait dans le métro pour aller à son travail quand a eu lieu l'attentat au gaz sarin. Il habitait alors un appartement à Sendagi, partait vers huit heures moins le quart et arrivait à la station de métro en dix minutes, car il marchait vite. En y allant sans se presser, il fallait un petit quart d'heure. Il avait descendu l'escalier quatre à quatre, franchi le contrôle. Comme il avait marché vite, il transpirait dans le dos. La sueur perlait à ses tempes. Le vendredi d'avant il avait fait exceptionnellement doux, si bien qu'en début de semaine on avait cru pouvoir se passer de manteau, mais le temps s'était remis au frais et il portait un imperméable par-dessus son costume.

Arrivé sur le quai, en regardant sa montre il s'est aperçu qu'il pouvait prendre une rame plus tôt que d'habitude. Pour éviter l'affluence, il est monté en queue, direction Ayase, par une autre porte que celle qu'il prenait toujours. Le métro était bondé, pas au point toutefois d'empêcher de changer de place. Quand le train a dépassé Otemachi, Ryô a senti sourdre une mystérieuse inquiétude sans en comprendre la raison, mais cette vague appréhension s'est atténuée bientôt et il a de nouveau posé les yeux sur son journal qu'il tenait soigneusement plié. Nijûbashi, puis Hibiya, où il a eu encore comme un pressentiment, très ténu.

Il est descendu à Otemachi, et au moment où il s'apprêtait à prendre l'escalier, il a entendu des cris. Des bruits confus montaient jusqu'à lui. Il a pensé que peut-être quelqu'un s'était jeté sous une rame, il s'est contenté de jeter un regard derrière lui en montant les marches. Le métro ne semblait pas vouloir repartir. Au bout d'un moment, on a entendu une annonce. Il avait dû se passer quelque chose. Il a pris la ligne Hibiya jusqu'à Roppongi, où se trouvait son bureau.

Vers huit heures et demie, heure où il commençait à travailler, il est devenu clair que des incidents s'étaient produits au même moment dans plusieurs stations du métro. L'entreprise commerciale où travaillaient Ryô ainsi qu'une soixantaine d'employés occupait l'étage entier d'un building. Tout le monde était dans un état fébrile, car la nouvelle que la ligne Hibiya était coupée s'était répandue très tôt.

Ryô n'avait pas respiré de gaz. S'il n'était pas monté dans un autre wagon que d'habitude, il se serait sans doute trouvé en tête de la rame, tout près de l'escalier de la correspondance à Kasumigaseki, là où le gaz sarin avait été déposé. Comme il était monté deux wagons plus loin, il avait été épargné. Un peu avant que l'annonce soit diffusée dans la station, au moment où lui-même jetait un œil derrière lui avant de monter les marches, quelqu'un était peut-être en train de trouver la mort… Quand il y pensait, il avait l'impression qu'une fumée grisâtre lui enveloppait le cerveau. Voilà ce que Ryô racontait parfois à mi-voix, sans rien ajouter d'autre.

On va habiter ensemble, a-t-il déclaré au moment de Noël, l'année de l'affaire du gaz sarin.

Quelque temps après le Jour de l'an, j'ai résilié le bail de location de l'appartement de Higashimatsubara où j'avais vécu pendant dix ans et j'ai commencé à préparer mon déménagement. C'est vers le moment où les pétales de cerisier commençaient à voltiger que je suis revenue dans cette maison.

La télévision chez Nahoko possédait bel et bien treize chaînes.

« Vrai de vrai, je l'ai vu de mes yeux, tu peux me croire ! »

Très excité, Ryô a débité tout ça d'un trait en postillonnant.

En plus, c'était une télé en couleurs.

« Tu te rends compte, il paraît qu'ils l'ont rapportée d'Amérique ! Son père m'a expliqué que les télés américaines avaient treize chaînes ! »

Si c'est une télé américaine, on peut voir les émissions américaines alors ? Mais Ryô a secoué la tête. Non, ce que j'ai vu, c'étaient des Japonais qui parlaient japonais ! Mais alors, qu'est-ce qu'on peut voir sur la chaîne 13 ? Rien. L'écran est tout gris, comme avec des petits grains de sable, le son est brouillé, on ne distingue rien.

Je suis allée une seule fois chez Nahoko à ce moment-là. De la gare Meidaimae, sur la ligne Inokashira, j'ai pris la ligne Keio, pour descendre à Ashikakôen. Une fois qu'on avait dépassé une route où s'alignaient des logements modestes, on suivait quelque temps des champs et des terres en friche, avant de tomber sur un groupe de plusieurs maisons, dont l'une était celle de Nahoko. Les murs étaient peints en blanc, des rosiers entouraient la grille. En évoquant ma maison en bois sombre avec son toit de tuiles, si différente d'aspect, j'ai éprouvé une légère envie.

« Tu ne t'es pas perdu en chemin ? avais-je demandé tout en imaginant au petit bonheur l'itinéraire conduisant à la maison de Nahoko.

— Bien sûr que non, puisque je me suis fait faire un plan », avait répondu Ryô en tirant un papier de sa poche. C'était maman qui lui avait dessiné le plan, aussi naïf et sommaire que celui d'un enfant. Non seulement aucun repère n'était indiqué, mais le chemin tournait dans tous les sens. J'ai pensé que jamais je n'aurais trouvé la maison avec un schéma pareil.

« Tu t'es bien débrouillé, dis donc, parce qu'avec un truc pareil...

— Nahoko est venue à ma rencontre. »

Ah bon. J'ai tourné le dos à Ryô qui n'en finissait pas de me décrire les gâteaux qu'on lui avait servis. Qu'est-ce que tu as, Miyako ? a-t-il demandé au bout d'un moment. Rien. Il faut que je fasse mes devoirs. Le dos toujours tourné, je me suis éloignée de Ryô. Vraiment bizarre, la Miyako ! Ryô a sifflé dans ses doigts. Il venait tout juste d'apprendre, et à la moindre occasion, ffue ! ffue ! il modulait de petits sifflements.

En cachette, j'ai essayé plusieurs fois, sans jamais y arriver.

Les dix années qui ont suivi la disparition de maman en 1986, je n'ai presque jamais eu l'occasion de rencontrer Ryô. Non que j'aie cherché à l'éviter, mais nous étions très occupés chacun de notre côté.

Quand il m'a donné signe de vie pour la première fois depuis longtemps, il avait trente-cinq ans, moi, trente-six. Il était chef de bureau, avec trois employés sous ses ordres. Il était souvent envoyé en mission à l'étranger. Cette année, figure-toi que je suis allé dix fois en Europe !

Quant à moi, j'avais régulièrement du travail, ma vie commençait à se stabiliser. Mais je devais souvent me débattre avec les dates que m'imposait mon métier d'illustratrice qui nécessitait une grande concentration, je me sentais harcelée en permanence. Les appels de Ryô se sont multipliés l'année qui a précédé mon retour dans cette maison, oui, en 1996, plus précisément vers l'époque de la floraison des cerisiers, deux semaines après l'attentat au gaz sarin.

« Ça va ? » Invariablement, Ryô commençait de cette manière.

« Euh, oui, et toi ?

— Pas mal. »

Combien de fois avons-nous répété ce rituel ? En fin de soirée, vers onze heures, sans doute Ryô avait-il pris un verre car je lui trouvais une voix plus enjouée que d'ordinaire, mais il n'était pas vraiment gai, je le comprenais aux silences qui entrecoupaient ses paroles.

La communication ne durait pas plus de cinq minutes. Quand j'avais raccroché, la nuit se refermait sur moi. La voix de Ryô, voilée, grave, s'infiltrait avec force jusqu'à mon tympan. Plus que la voix que j'entendais quand il était en face de moi, celle que le téléphone me transmettait imprégnait mon corps tout entier.

« Tu ne veux pas qu'on se voie un de ces jours ? » a-t-il fini par demander. Je ne sais pas au bout de combien de coups de téléphone, en tout cas, quand il l'a dit, j'ai été saisie d'un léger tremblement. Brusquement, je me suis souvenue de la ligne du cou de maman. Elle était ferme, délicate, couverte d'un léger duvet.

« Oui, on pourrait prendre un verre ? » ai-je répondu simplement.

Adjugé. Lui aussi avait un ton naturel.

C'est fini, Miyako, je ne rentrerai plus de l'école avec toi.

Je me souviens très exactement du jour où Ryô a fait cette déclaration.

Quand nous marchions côte à côte, il arrivait qu'on se moque de nous. Je n'y prenais pas garde. Toi, ça peut aller, tu es une fille, mais moi, je suis un garçon, et ça me gêne. Et il m'a annoncé qu'à partir du lendemain, il ne m'attendrait plus. Comme nous n'étions pas dans la même classe, parfois l'un de nous avait cinq heures de cours alors que l'autre en avait six. Généralement, Ryô m'attendait dans la cour en faisant une partie de ballon avec les élèves plus jeunes. Mon cours prenait fin, j'attendais une pause dans le match pour appeler Ryô. D'un air déçu, il abandonnait le jeu et se mettait à marcher à mes côtés, ni trop près ni trop loin. C'est le jour de la rentrée qu'il m'a prévenue qu'il ne m'attendrait plus. Il entrait en septième.

« Pourquoi ?

— Tu n'as qu'à rentrer avec tes copines.

— Mais aucune d'elles n'habite dans la même direction ! »

Depuis que je m'étais vu plus ou moins confier la garde de Ryô qui venait alors d'être scolarisé, je n'avais jamais cessé de m'occuper de lui. Nous portions tous les deux le même chapeau jaune des écoliers, avec un grand cartable dans le dos, à longueur d'année nous faisions ensemble les quarante minutes de trajet aller et retour entre la maison et l'école. Et pourtant.

Ryô ne rentrait plus avec moi mais je continuais à sentir sa présence, même s'il n'était plus à mes côtés.

Pourvu que maman soit de bonne humeur aujourd'hui ! Oh oui, ce serait bien ! Je monologuais sur le chemin de la maison.

« Ah, tu es rentrée ! » Maman m'accueillait d'une voix normale et je me sentais rassurée. Car quand elle était de mauvaise humeur, elle ne criait pas pour autant, elle ne nous grondait pas spécialement, mais un air glacial circulait dans la maison. Je me demandais toujours pourquoi maman ne se mettait pas en colère comme les autres mamans quand quelque chose n'allait pas. Je n'aurais pas eu à sentir ainsi mon cœur battre d'appréhension…

Le jour de notre rendez-vous, il pleuvait. Cette année-là, la saison des pluies n'en finissait pas. J'avais cinq minutes d'avance, j'ai jeté un regard derrière moi, persuadée que Ryô ne serait pas encore arrivé, mais il était là, pointant le menton. J'étais stupéfaite. Les épaules de sa veste tombaient légèrement.

J'ai maigri, hein. Je suis trop pris. Comme s'il s'excusait. Il détournait les yeux. Moi non plus, je n'osais pas le regarder en face.

Nous sommes entrés dans un bar logé dans l'immeuble et nous avons pris place au comptoir. Moi, je vais prendre une bière. Moi aussi. Sans nous regarder, nous avons fait tinter nos verres. Même quand nous sommes passés au vin, Ryô n'a fait que parler de choses banales. La fenêtre de l'autre côté du comptoir ruisselait de pluie. La lumière se reflétait sur la vitre, les gouttes étincelaient. Tu te rappelles, l'été où Nahoko venait coucher à la maison ? L'air sombre, Ryô a hoché la tête. On était des enfants ! Oui, des enfants. D'ailleurs, à cette époque, on était de vrais enfants.

Nous avons échangé un rire bref, qui s'est brusquement éteint. Nous ne nous étions pas donné le mot, pourtant, nous avons baissé la tête en même temps.

« Qu'est-ce que tu deviens ? Tu travailles ?

— Oui, je travaille.

— Un travail qui te permet de vivre ?

— Oui, heureusement. »

Jusqu'au bout, nous avons parlé de choses et d'autres, en buvant et mangeant. Nos assiettes étaient vides mais nous avions du mal à nous en aller, les coudes sur le comptoir, le menton dans la main, la tête inclinée.

Je me demande ce que la maison est devenue ? Tout d'abord, je n'ai pas compris ce qu'il disait, je percevais seulement le son de la voix. Ce n'est qu'au bout d'un moment que j'ai compris, et je me suis contentée de répéter machinalement, la maison ?

« Oui, la maison de Suginami. Elle est restée longtemps inoccupée, elle doit être dans un drôle d'état.

— Tu n'y vas jamais ?

— Non. Mais je crois que papa vient l'aérer de temps en temps.

— Ah bon ? »

J'ai jeté un regard furtif à Ryô.

« Et les dessins qui étaient dans ta chambre, Miyako ?

— Eh bien… » Mais j'ai fermé la bouche. Un instant après, j'ai dit : « C'est resté tel quel.

— Ah bon. »

Les murs de ma chambre étaient couverts de motifs que Ryô et moi avions dessinés petit à petit. Maman avait commencé par jeter les hauts cris, mais finalement ça l'amusait, si bien que nous avions exécuté les dessins avec soin, l'un après l'autre. Un pluvier. Le blason composé de feuilles de mandarinier. L'emblème des trois pins superposés. Deux pigeons face à face. L'insigne des trois boisseaux… A évoquer les dessins, il me semble entendre un oiseau chanter quelque part. Celui dont le cri bref et sourd traversait les nuits d'été.

LES PETITES BONNES

Je déteste les vieilles histoires, murmurait maman parfois. A peine avait-elle dit cela qu'elle se mettait à en raconter une.

A propos, ça me rappelle Sekiya, notre petite bonne. Elle avait des marques de varicelle sur les joues. Moi, la Sekiya, je l'adorais. Pourquoi ? Mais voyons, parce qu'elle n'avait pas son pareil pour rapporter les ragots, tiens ! Le patron du coiffeur à côté entretient une maîtresse, les jeunes femmes qui travaillent dans la petite maison de rendez-vous au fond de la rue sont comme ci comme ça, les hommes de la boutique sont allés à tel endroit le 16 janvier, c'était leur seul jour de congé… Elle racontait tout avec vivacité et drôlerie. Grand-mère plissait les yeux, et si elle se rendait compte que Sekiya nous racontait ce genre d'histoires à nous aussi, elle la réprimandait d'une grosse voix, mais ça ne lui faisait ni chaud ni froid, à la Sekiya.

« C'est un drôle de nom, Sekiya ! ai-je dit en secouant la tête, ce qui a fait rire maman.

— Je vais t'expliquer, les bonnes et les apprentis, on avait l'habitude de faire suivre leur nom du suffixe *ya*, Toshiya, Matsuya, Kimiya, tu vois ?

— Alors, Sekiya, son nom de famille, c'était Sekiguchi par exemple ?

— Tu n'y es pas. Seki, c'était son prénom. Elle s'appelait donc Yamada Seki, ou encore Suzuki Seki, que sais-je. En fait, je n'ai jamais su quel était son vrai nom ! »

Les parents de ma mère, mes grands-parents donc, tenaient un commerce de papier. C'était mon arrière-grand-père Masagorô qui l'avait créé. D'une famille de sept enfants, il était le cinquième, ce qui ne le mettait pas dans une position enviable. Mais il devait avoir le sens des affaires, car il avait réussi à mettre de l'argent de côté, j'ignore à partir de quel moment, et même fini par ouvrir un magasin. Lui qui avait commencé par étaler des marchandises sur le trottoir, voilà qu'il en était arrivé à tenir une petite boutique dans un passage légèrement à l'écart de l'artère principale de Hongô, au milieu d'un alignement de logements mitoyens.

Ce que nous racontait maman était toujours empreint du parfum plus ou moins vivace d'une autre époque, et contrairement à ce que font maintenant les enfants qui vont jouer dans la rue en sortant de l'école, Ryô, Nahoko et moi, nous préférions rester à la maison pour écouter maman, nous avions l'impression d'entendre quelqu'un nous lire des histoires d'un autre lieu, d'un autre temps.

« Sekiya avait quel âge à peu près ?

— Voyons, je ne sais pas au juste, un peu plus de vingt ans, je pense. Ça me rappelle que certaines avaient la manie de chaparder. Pas de l'argent ou des articles du magasin, non, mais il y en avait une par exemple qui allait se servir à la cuisine. Cette fille aimait surtout le beurre, et elle en avait mangé une fois un si gros morceau qu'elle avait eu mal au cœur, elle avait vomi, elle n'arrêtait pas de se plaindre qu'elle était barbouillée ! Elle faisait vraiment pitié. Grand-mère l'a sévèrement réprimandée, mais moi, je l'aimais beaucoup aussi, celle-là.

Elles finissaient toutes par s'en aller. Certaines partaient après avoir poliment dit au revoir, d'autres disparaissaient sans un mot. Ces servantes étaient toutes de petite taille, coiffées avec les cheveux noués dans le dos. »

Je n'arrive pas à me souvenir de l'expression qu'avait papa en écoutant les histoires de maman. D'ailleurs, je ne suis même pas sûre qu'il était là. Maman, la joue dans sa main et le regard perdu au loin, racontait le passé.

Après ma naissance, il paraît qu'il neigeait tout le temps à Tôkyô.

« Je ne me rappelle pas. » Maman a ri. Evidemment, ma pauvre enfant, comment veux-tu t'en souvenir ! Non seulement tu portais encore des couches, mais tu venais à peine de prononcer tes premiers mots, tu étais une chose si tendre qu'une simple piqûre aurait pu te tuer, rends-toi compte !

Jamais je n'ai pu m'habituer à cette façon qu'avait maman de dire les choses, ces expressions qui faisaient froid dans le dos. Pourtant, quand je me pose certaines questions, je m'aperçois que sans le vouloir, je pense avec ses propres mots.

Je ne me souviens pas de la neige, en revanche je me rappelle très bien la grêle.

Ça commençait par un léger crépitement. Une fois tombés, les grêlons sont blancs, mais pendant leur chute, ils paraissent gris. La grêle, cette chose agréable qui tombait du ciel, me donnait l'impression d'une toute petite masse froide. Les petits blocs heurtaient le toit, les vitres, en rebondissant avec ardeur.

Pieds nus, je descendais dans le jardin et j'essayais de recueillir les grêlons. Ils fondaient tous instantanément dans ma main, mais il y en avait que mes doigts arrivaient à saisir. Des gros, des petits, qui jonchaient le sol comme des débris.

Un énorme grêlon a frappé ma joue, j'étais éberluée. Les grêlons, minuscules au début, augmentaient de volume et finissaient par avoir la grosseur d'un bonbon. Ce jour-là, je suis certaine que Ryô était à mes côtés.

Ryô ! ai-je crié. Je voulais le protéger et j'ai couvert de mon corps celui de mon petit frère. La grêle me frappait partout, la tête, le dos, la nuque, j'avais mal. J'avais envie de pleurer, mais j'ai tenu bon.

Ryô était chaud. Son haleine sentait le lait. Je l'ai traîné pour le ramener sur la véranda. La grêle l'effrayait, mais il refusait absolument de pénétrer dans la maison. Ses ongles m'ont égratignée. Mes pieds nus étaient glacés. Le corps de Ryô qui se débattait était brûlant. Je voulais presser contre moi cette forme chaude, j'avais le cœur battant. Le sol que touchait la plante de mes pieds était un peu mou, comme de la boue, la terre se mêlait à la grêle fondue. Peu à peu, Ryô a cessé de gesticuler. Il m'a semblé qu'il rapetissait, toujours plus petit dans mes bras.

« Qu'est-ce qui se passe ? »

La voix de maman a retenti. Sa voix résonnait magnifiquement dans l'intervalle des crépitements de la grêle.

Dans l'instant, Ryô a retrouvé sa taille habituelle. De toute la force de son petit corps, il s'est mis à pleurer, comme si ses larmes jaillissaient de la terre profonde.

« Oh, vous avez les pieds couverts de boue ! »

Maman a vivement tendu les bras et elle nous a soulevés sans difficulté. Ryô était lourd déjà, mais maman nous a pris tous les deux en même temps dans ses bras et nous a transportés à l'intérieur comme des paquets.

« Surtout, ne posez pas vos pieds sur les tatamis ! » a-t-elle ordonné. Ryô et moi avons mis nos fesses par terre en levant les jambes. Nous avions du mal à garder notre équilibre. J'ai passé une main sous mon dos pour me maintenir. Le chiffon qui frottait vivement la plante de mes pieds me troublait. Ryô ne cessait de regarder en direction du jardin.

« Vous êtes vraiment bêtes, mes enfants ! » a dit maman en continuant à nous frotter les pieds.

Jusqu'à son arrivée, j'avais tenu Ryô dans mes bras. Mais j'avais déchu, c'était moi à présent qui étais dans les bras de maman. Je me sentais humiliée, et en même temps, j'avais envie de m'abandonner à la douceur des bras maternels.

Maman m'a raconté que Sekiya n'avait pas seulement le don de rapporter les commérages, elle avait aussi celui d'attraper les punaises. Tu sais, quand on a été piqué par une punaise, on garde la marque en deux endroits.

Bien sûr, je n'avais pas envie d'être piquée, mais cette histoire de deux marques que racontait maman me causait une certaine émotion. Je me disais que j'étais prête à me laisser piquer au moins une fois, pour voir.

Mais ça ne m'est jamais arrivé. Maman m'a dit que c'était grâce à Sekiya qui savait y faire pour protéger matelas et édredons.

Chaque soir, Sekiya entourait les futons d'une douve.

« Une douve ? » ai-je demandé. Maman a hoché la tête.

Je ne sais pas si c'était du papier épais ou du bois. Je ne sais plus si elle achetait ça ou si elle le fabriquait elle-même, toujours est-il qu'elle plaçait autour des matelas quatre piquets de quelques centimètres de haut reliés par des bandes de papier sans laisser le moindre intervalle aux quatre coins. Je vois encore Seki occupée à s'assurer que son installation était sans faille !

Les piquets étaient creux à l'intérieur. Vus de côté, ils avaient la forme d'un tunnel retourné, et l'intérieur était recouvert de papier cellophane vert.

Même si les punaises faisaient leur apparition, il leur fallait franchir les piquets pour surprendre les êtres humains dans leur sommeil. Après avoir escaladé quelques centimètres, elles ne pouvaient poursuivre leur avance qu'en tombant dans le creux des piquets, leurs pattes glissaient sur le papier cellophane, il leur était impossible de remonter. Je m'amusais à compter les punaises capturées pendant la nuit, qui se débattaient en vain. Non, vraiment, ces insectes sans charme, dans la transparence verte du papier cellophane, comme s'ils avaient pris leur parti d'être emprisonnés ! Un, deux, trois, mes yeux les comptaient à la lumière du matin qui traversait la moustiquaire... Si tu savais comme je me sentais allègre !

Seki, Seki ! Je l'appelais. Elle arrivait sans se presser et mettait les piquets dans l'autre sens. Les punaises tombaient sans bruit les unes sur les autres. Seki les mettait dans du papier et les écrasait. Enfin, j'imagine que c'est ce qu'elle faisait. Parce que je ne la voyais pas à l'œuvre, bien trop occupée que j'étais à me préparer pour aller à l'école. Faire ma toilette, déposer les offrandes sur l'autel familial, j'ai beau essayer de me souvenir, seule me revient l'atmosphère fébrile de ces matins-là.

De toutes les bonnes, c'est Sekiya qui est restée le plus longtemps, mais elle a fini par s'en aller pour se marier, quand elle avait un peu plus de vingt-cinq ans. Quelque temps avant son départ, elle m'a donné une boîte à rubans qu'elle avait confectionnée avec des chutes de tissu. J'avais les cheveux longs jusqu'à la taille et c'était elle qui me coiffait chaque matin.

« Quand j'y pense, la main qui me coiffait était la même qui écrasait les punaises », a dit maman en riant. Son rire était clair, joyeux, sans la moindre réticence. J'ai songé que cette attitude reflétait à merveille la nature de maman.

Je me souviens encore de ce que j'ai ressenti quand mes yeux ont vu Ryô pour la première fois.

« Ce n'est pas possible, répétait maman. Enfin, voyons, tu n'avais qu'un an et demi ! »

Environ un mois avant la naissance de Ryô, maman est retournée avec moi chez ses parents, dans sa famille qui faisait commerce de papier. Nous dormions toutes les deux dans une pièce japonaise qui était à l'origine la chambre de maman. La table basse sur laquelle elle travaillait quand elle était étudiante se trouvait dans un coin, et il paraît que je m'amusais sans fin à sauter de la table sur les tatamis, des tatamis sur la table. Je ne m'en souviens pas.

« Un vrai singe ! » a dit maman.

Pour ma naissance aussi, maman était retournée chez ses parents, elle avait accouché dans une clinique proche. Elle avait eu des relevailles difficiles et avait dû rester quelque temps hospitalisée, si bien que c'est ma grand-mère qui m'a donné mon premier bain.

Pendant que maman était à l'hôpital pour la naissance de Ryô, je prenais donc mon bain avec ma grand-mère, mais aussi avec mon grand-père. Tout en me frottant énergiquement le dos, il récitait à mi-voix un verset du genre *Le jour se lève, le bataillon se met en marche*... Dans la vapeur du bain public, sa voix résonnait étrangement. Il prenait des leçons de déclamation de poésie chinoise. Il fréquentait le cours avec ma grand-mère et il était vexé de voir qu'elle faisait de rapides progrès. Aussi s'acharnait-il à s'exercer dans le bain.

A cette époque, il n'y avait plus de bonnes ni d'apprentis à demeure dans la fabrique de papier. Un seul était resté, qui s'était présenté comme commis un peu avant la guerre, et ce Shigeru (on l'appelait familièrement Shigedon) était devenu rapidement l'un des meilleurs artisans sur la place de Tôkyô. Il vivait au rez-de-chaussée dans un réduit au fond de la boutique. Plus qu'avec mon grand-père ou ma grand-mère, je me sentais bien auprès de Shigeru. A l'heure du repas, quand il montait à l'étage, je ne le quittais pas.

Ryô était un bébé chevelu. Dressés en houppette sur le sommet de son crâne, ses cheveux ressemblaient à un gros pinceau. Drôle de tête, ai-je pensé en allant au-devant de maman qui revenait de l'hôpital avec le nourrisson dans le bras.

Je me suis contentée de regarder Ryô. Je m'en souviens nettement, tout comme je me souviens de ce que j'ai éprouvé en regardant le bébé. Maman a beau prétendre que c'est impossible, je suis certaine de ce que j'ai ressenti alors avec force.

C'est mon petit frère, il est à moi, c'est ma chose.

La plupart du temps, les vieilles histoires que racontait maman étaient assez confuses.

Peut-être elle-même trouvait-elle du plaisir à ne plus s'y reconnaître, à moins qu'elle n'ait manifesté de la réticence à se rappeler les faits.

« Qu'est-ce que ça peut faire ? Peu importe, tout ça m'est bien égal ! » se plaisait-elle à répéter.

L'entreprise familiale existe toujours. En réalité, c'est le frère aîné de maman qui devait prendre la succession, mais il avait le commerce en horreur, et dès sa sortie du lycée, il avait quitté la maison sans rien dire à personne.

« Je devais avoir un peu plus de vingt ans quand Takeji est arrivé chez nous. C'était le troisième fils d'un confrère. Normalement, il était censé travailler plus tard dans la maison de son père et il était venu chez nous pour faire l'apprentissage du métier. Or, le père de maman, autrement dit mon grand-père, s'est pris d'affection pour Takeji. Il a même essayé de me marier avec lui, tu sais ! »

Son propre fils était parti, et il aurait voulu non seulement faire de Takeji son gendre, mais même l'adopter, ce qui était après tout dans l'ordre des choses, seulement…

« Moi, je n'arrivais pas à me faire à l'idée de l'épouser ! »

Takeji n'a pas épousé maman, mais il est toujours resté proche d'elle et de papa. Il venait une fois par mois chez nous, dans notre maison de Suginami.

Quelque temps après la naissance de Ryô, Takeji s'est marié, et vers l'époque où il a commencé à venir chez nous, il devait déjà avoir des enfants, deux garçons, mais jamais il n'est venu en compagnie de sa femme ou de ses fils, il venait toujours seul, avec une foule de cadeaux.

Maman et Takeji ne se sont donc pas mariés, mais grand-père a décidé de faire de lui son successeur. Seulement, comme il voulait que maman ou son fils aîné puissent revenir quand bon leur semblerait, le statut de Takeji est toujours resté bancal. Le magasin est devenu une entreprise dont mon grand-père était le directeur, et Takeji a dû se contenter de rester chef du personnel.

« Grand-père aurait tout de même pu le nommer sous-directeur ! » disait maman gaiement. Elle avait toujours l'air enjouée, ce qui ne l'empêchait pas de teinter d'une touche de fiel son apparence joyeuse.

« En fait, Takeji était amoureux de moi, tu sais. Pour de bon », ajoutait maman. Mais quand il venait à la maison, je n'avais nullement l'impression qu'il nourrissait une quelconque passion à l'égard de maman. Je pensais plutôt qu'il venait pour discuter avec papa. Ou encore, qu'il avait envie de nous voir, Ryô et moi.

« C'est bien possible, après tout. De toute façon, c'est sans importance », disait maman avec désinvolture. Oui, maman parlait toujours d'un ton léger.

Ce n'est que plus tard que j'ai compris pourquoi Takeji venait si souvent à la maison.

Ryô a toujours été têtu.

« Sale gosse ! » Tel était mon jugement, et il m'arrivait fréquemment de dire à voix haute « berk » en face de lui. Est-ce pour cette raison, son premier mot n'a pas été maman ou papa, ni toto, ni mamie, non. Berk.

« Ce petit prononce un mot bien difficile ! s'exclamait maman avec admiration. Mais qu'est-ce qu'il veut dire, au fait ? »

Ryô ouvrait la bouche toute grande et il articulait avec énergie Be, be, berk.

« Est-ce que tu essaies de dire bonjour, mon chéri ? » demandait maman en scrutant le visage du bébé, mais je savais, moi, que ce n'était pas ça du tout.

Je ne pouvais pas compter le nombre de fois où j'avais lancé dans la journée, sale gosse, sale gosse. On comprendra sans peine que ce n'était pas seulement lui que je désignais par ces mots, c'était moi-même.

Au début, ce qui n'était qu'un vague son, du genre sa, sa, avait eu vite fait de devenir un « sale » clair et net, avant de finir par quelque chose comme « salosse ».

« Miyako, tu éduques bien ton petit frère ! » Voilà comment maman voyait les choses.

Tout de même, crois-tu vraiment que cet enfant soit si mauvais ? Enfin, regarde, il ne pleure jamais sans raison, il pousse normalement. Il rit et les dames fondent devant lui, quel que soit leur âge. Quand je le promène dans sa poussette, elles s'approchent toutes et il les oblige à faire des grimaces pour obtenir de lui un sourire, avec tout le charme de ses quelques mois.

A cette époque, je ne comprenais pas ce que maman disait, j'avais l'impression qu'elle faisait exprès de plaisanter.

Je ne me trompais pas. A la fin de sa vie, maman s'est confiée.

« Elever un enfant est une corvée insupportable, à moins de le faire avec insouciance.

— Alors, tu as dû terriblement souffrir pour nous élever, Ryô et moi ?

— Non, ce n'était pas pénible. Parce que je vous ai élevés sans me prendre la tête. »

Telle a été la réponse de maman, et je pense qu'il ne fallait pas y voir de sous-entendus donnant à croire le contraire. Elle disait la vérité.

Encore maintenant, Ryô a beaucoup de cheveux. Et il lui reste encore, quoique bien affaibli, un peu de ce pouvoir qui lui permettait de charmer les dames autrefois, toutes ces femmes qui lui faisaient des sourires à qui mieux mieux. Quant à savoir s'il en fait toujours le même usage, je ne suis pas en mesure d'en juger.

Les cadeaux que nous apportait Takeji sortaient toujours de l'ordinaire. Une fois, il nous a rapporté de Hong-Kong un serpent séché. Une autre fois, de Taiwan, un pendentif en forme d'écrevisse. Ou encore, des sandales de paille tressée qu'il avait achetées dans un temple de montagne d'obédience Sangaku, dans la région de San'in.

« Tiens, Miyako, c'est pour toi, je me suis dit que ça te ferait plaisir », a dit Takeji en me passant au cou une chaîne en or au bout de laquelle brillait une écrevisse. J'étais encore en primaire et je trouvais le pendentif trop adulte pour moi.

« Quand tu seras grande, tu verras, il t'ira très bien, crois-moi », a déclaré Takeji. Maman est venue derrière moi et, en riant, elle a détaché la chaîne. Ça me va bien mieux à moi ! Et elle a passé la chaîne autour de son long cou ferme. Quand elle se penchait, la queue de l'écrevisse s'agitait sur sa poitrine. D'une facture soignée, les écailles étaient façonnées une à une et reliées entre elles par des fils de métal. En regardant l'objet avec attention, on remarquait que les yeux de l'écrevisse étaient ornés d'une pierre précieuse rouge vif.

« Ce sont des rubis ? a demandé maman.

— Des éclats seulement, ils n'ont aucune valeur », a répondu Takeji.

En définitive, l'écrevisse a fini dans le coffret à bijoux de maman.

Pour le serpent, maman a demandé en riant ce que c'était, en précisant qu'elle n'avait jamais de sa vie cuisiné de serpent. Retroussant ses manches, Takeji a déclaré qu'il connaissait une recette fameuse de Hong-Kong, il allait nous préparer une soupe savoureuse. Il a laissé mijoter le serpent plusieurs heures.

Maman a été la seule à y tremper les lèvres. Papa, blême, a déclaré qu'il se refusait à manger des aliments oblongs, et ni lui, ni moi, ni Ryô n'avons touché au bouillon, de tout le repas.

« C'est bon pourtant, je vous assure. Vraiment, je ne comprends pas… »

Takeji semblait légèrement froissé. Après son départ, maman a continué à boire de cette soupe tous les jours. Matin et soir, elle la faisait réchauffer, si bien qu'elle devenait de plus en plus concentrée, la couleur de plus en plus foncée.

Pour finir, maman a mis le reste au frigidaire, et elle prenait avec son doigt un peu de ce qui était devenu un petit bloc tremblotant, qu'elle portait furtivement à ses lèvres.

Comme c'est bon, délicieux, vraiment ! Je me souviens de l'intonation de maman quand elle disait DÉ-LI-CIEUX. Maman était quelqu'un qui savait savourer les choses sans dissimuler son plaisir.

Ni l'écrevisse ni le serpent ne sont rentrés en notre possession, mais il n'en a pas été de même des sandales de paille.

« Ça, c'est à moi ! » Ryô qui pourtant n'avait pas l'habitude de s'approcher de Takeji, voilà qu'il se jetait à son cou en faisant cette déclaration pour le moins téméraire.

Takeji savait s'y prendre avec les enfants. Ce n'était pas seulement parce que lui-même était père de famille, je suis persuadée que c'était dans sa nature. Contrairement à Ryô, moi, je l'avais aimé tout de suite.

Quand Takeji venait à la maison, Ryô allait presque toujours s'enfermer dans sa chambre. La chambre de Ryô. La pièce que je n'ouvre jamais, la chambre où respirent horloge, montres et pendules. Jusqu'au départ de Takeji, les soirs où il dînait à la maison, Ryô s'arrangeait pour l'éviter et attendait le dernier moment pour nous rejoindre à table.

« Cet enfant serait-il timide ? » interrogeait Takeji avec naïveté, mais il ne se trouvait personne pour lui répondre. Maman, papa et moi savions très bien que Ryô évitait Takeji.

Eviter ou encore faire semblant ou trouver une échappatoire, c'était une attitude qui n'avait pas cours chez nous. De nous tous, c'était maman qui montrait le plus de franchise, mais papa n'était pas mal placé non plus, comparé aux gens qu'on croise partout dans la société. Quand j'ai commencé à aller à l'école, en classe ou encore chez l'une ou l'autre de mes camarades, j'ai compris en voyant le comportement des gens que tout le monde cherchait à éviter les manières trop directes et s'efforçait au contraire d'adoucir les tensions inhérentes aux relations avec autrui.

Après s'être emparé des sandales de paille comme s'il les arrachait des mains de Takeji, Ryô les a mises sur-le-champ. Elles étaient bien sûr trop grandes. Il avait du mal à passer le nœud de paille entre le pouce et l'orteil et elles étaient deux fois trop larges.

Pourtant, il a noué les lacets autour de ses chevilles, et il arpentait la pièce en tirant dessus pour les maintenir. Quand il en a eu assez, il a défait les lacets, il a soigneusement posé les sandales l'une sur l'autre et les a tenues sur ses genoux avec des gestes précautionneux.

« Elles te plaisent ? » a demandé Takeji. Ryô a hoché la tête avec un murmure. « Tu ne dis pas merci ? » a dit maman. Ryô a fermé les yeux. Puis, dans un souffle : « Merci ! » Takeji a souri. Ryô est resté impassible.

A force de voir Ryô s'obstiner à éviter Takeji, je me trouvais stupide de m'être habituée à lui si facilement. Mais décidément, j'aimais Takeji. Quand je me précipitais à sa rencontre, il me soulevait dans ses bras et me tenait en l'air. Puis il me balançait plusieurs fois. Dans ces moments, Ryô m'observait avec une expression indéfinissable, plus que déplaisante. Il ne nous est presque jamais arrivé, à Ryô et à moi, de nous trouver ainsi dans les bras de papa.

Takeji me balançait un moment, avant de me poser à terre en poussant un soupir.

« Dans le papier, on n'a pas besoin d'effort physique, on se laisse aller. Depuis quelque temps, j'ai pris du ventre, en plus… »

Je regardais le ventre de Takeji. Il était légèrement bombé. Au toucher, c'était un peu mou et élastique. Ryô, viens toucher ! Je l'appelais, en vain. Allez, à table, disait maman.

Maman savait déguster, elle savait également cuisiner. Takeji ronronnait de plaisir et me pressait la main sans un mot. Puis, lentement, il tournait son visage du côté de maman.

LA MORT DE MAMAN

Quand Ryô est revenu dans la maison au printemps de l'année 1996, il n'avait pas beaucoup de bagages. Quelques costumes, une étagère de livres. Quant aux choses qu'on ne peut classer dans aucune catégorie, elles occupaient quatre cartons.

« Les chaussures par contre, il y en a beaucoup ! »

En effet, il y avait une dizaine de petits cartons contenant des chaussures, souliers en cuir, bottines, sneakers, qu'il sortait les uns après les autres.

« Et les sandales de paille que Takeji t'avait données autrefois ? » ai-je demandé.

Ryô a ri en disant :

« Je les ai gardées pendant longtemps, mais j'ai fini par les jeter, tout récemment. »

Ryô m'a raconté qu'il s'était rendu dans le temple en question, dont les fidèles étaient plus ou moins des ascètes. Il portait des sneakers. A son arrivée, on avait demandé à voir ses chaussures.

Il avait donc montré ses semelles à l'homme qui accueillait les visiteurs, mais celui-ci lui avait refusé l'entrée.

« Vous comprenez, chaussé comme vous l'êtes, vous risquez de glisser. Mettez plutôt les sandales de paille qui sont à votre disposition. »

Ryô lui avait montré les sandales qu'il avait apportées *au cas où*. C'est de la paille, vous pouvez y aller, avait dit l'homme. Une fois arrivé au chemin où commençait la montée, Ryô avait compris pourquoi on l'avait mis en garde. Dans un énorme carton se trouvaient entassées pêle-mêle des sandales de paille, deux mille yens si on voulait les acheter, cinq cents si on se contentait de les louer, et ceux qu'on n'avait pas laissés entrer à cause du manque d'adhérence de leurs semelles en étaient réduits à chercher une paire susceptible de leur aller, enfouissant la tête dans la boîte, plongeant les mains dans le tas des sandales sens dessus dessous.

« Takeji a dû les acheter là lui aussi, non ?

— Oui, enfin, je pense.

— Alors, c'étaient des sandales qu'il avait portées une fois pour escalader la montagne ?

— C'est probable. D'ailleurs, en regardant bien, je me suis aperçu qu'il restait de la boue collée à la paille.

— Décidément, il nous faisait de drôles de cadeaux ! »

Le chemin était très escarpé, et Ryô qui avait cru à la légère pouvoir monter sans trop de peine ne m'a pas caché qu'il avait eu un mal fou pour atteindre le sommet. Il avait alors une trentaine d'années, et il ne me donnait pour ainsi dire jamais signe de vie. Tout ce que je savais de lui s'arrêtait à ses vingt-cinq ans. Et quand je dis tout, c'est évidemment une façon de parler.

Tout, savoir tout, mot redoutable. Dirait sans doute maman. Je me souviens très bien des choses qu'elle laissait tomber dans un murmure. Moi, je ne voudrais pour rien au monde connaître tout d'un être. D'ailleurs, j'aurais tout aussi peur de connaître tout de moi-même ! Non merci, très peu pour moi.

C'est par un jour d'été que maman a dit ça à papa. J'étais au collège, et avec Ryô, nous étions en train de mordre dans une tranche de pastèque sur une petite table ronde. Maman s'éventait. Papa était allongé par terre. Au bord des tatamis qui rejoignaient la ligne de démarcation du parquet de la galerie extérieure, un ventilateur tournait doucement.

Quand je suis revenue dans cette maison en 1996, les nattes étaient hors d'usage. Le pied enfonçait par endroits. Le magasin de tatamis près de la gare n'existait plus, j'ai dû chercher, et quand enfin j'ai réussi à en dénicher un, on m'a demandé un long délai.

Ryô a d'abord aligné ses chaussures dans l'entrée, le long du mur. A présent, elles sont rangées dans une petite pièce à l'étage. Dans les premiers temps, c'était la chambre où il dormait. Les chaussures occupent des étagères qu'il a achetées dans un magasin de bricolage et montées lui-même, et il est seul à comprendre l'ordre dans lequel elles sont disposées.

Dans la journée, quand il est au bureau, il m'arrive parfois d'effleurer ses chaussures. Elles sont parfaitement entretenues, sans la moindre trace du pied qui les a portées. Ryô a une belle démarche. Mes chaussures à moi ont toutes le talon droit plus usé que le gauche.

« Je n'arrive pas à dormir », m'a avoué Ryô un jour, à la fin de l'été qui a suivi notre retour dans la maison.

Comme autrefois, nous étions en train de manger une pastèque sur la petite table ronde de la pièce de six tatamis, tout en regardant le lilas d'été qui fleurissait dans le jardin. Les tatamis n'avaient pas encore été remplacés et j'avais mis une natte sous la table.

« Le lilas d'été, c'est un arbre qui porte des fleurs étouffantes », a dit Ryô en recrachant un pépin. Il m'a paru très légèrement amaigri.

« Tu ne trouves pas qu'il fait particulièrement chaud, cet été ?

— Pas du tout, c'est comme d'habitude.

— Alors, ce serait à cause de cette maison ?

— Moi en tout cas, je me sens mieux que quand j'habitais dans un appartement. »

Ryô a secoué la tête. Je ne sais pas pourquoi, mon corps est brûlant. C'est ça qui m'empêche de dormir. Tout juste deux ou trois heures à l'aube.

Je le regarde et je remarque qu'il a les yeux cernés. Je m'interdisais de regarder Ryô pour de bon. Ce n'était pas une idée en l'air, c'était quelque chose de profondément instinctif. Pour la première fois depuis longtemps, je l'ai dévisagé. Il avait beaucoup vieilli par rapport au Ryô que je connaissais. Nous habitions ensemble depuis déjà plusieurs mois et je venais seulement de réaliser que pendant tout ce temps j'avais évité de le regarder en face.

« Tu devrais prendre des somnifères. Maman aussi en prenait.

— Ah non, pas question.

— Pourquoi ?

— Je ne veux pas devenir comme elle ! »

Quand bien même tu le voudrais, tu ne pourrais pas, ai-je failli répliquer. Moi qui ne voulais pas devenir comme maman, je pensais sans cesse à elle. J'avais mis trente ans à m'apercevoir que les cadeaux de Takeji n'étaient destinés ni à Ryô ni à moi, ils étaient pour elle.

« Papa va bien ?

— Quand j'ai téléphoné l'autre jour, ça avait l'air d'aller.

— Qu'est-ce qu'il fait de ses journées ? »

Après être passé d'une société à une autre, vers la cinquantaine il avait commencé à travailler sous les ordres de Takeji. Papa voulait devenir peintre, il n'avait pas pu. Lorsque j'ai moi-même commencé à me faire connaître comme illustratrice, il semblait troublé, comme s'il avait du mal à l'admettre. Si je comprends bien, j'ai dû me faire à l'idée que je n'avais pas de talent, mais toi, Miyako, tu as confiance en toi ?

Je ne suis peut-être pas particulièrement douée, mais je fais ce que je peux. A ces mots, papa a plissé les yeux et m'a dit, dis donc, Miyako, serais-tu une femme sérieuse ? Je n'en reviens pas qu'il se trouve dans notre famille quelqu'un pour parler de la sorte !

Même après la mort de maman, papa a continué de travailler avec Takeji, jusqu'à ce qu'il atteigne ses soixante-quinze ans. Il n'avait peut-être pas de talent pour la peinture, mais il était, semble-t-il, très doué pour travailler le papier. Il avait des clients attitrés qui ne juraient que par lui.

« Papa m'a dit qu'il s'était remis à peindre.

— Ça alors ! »

Ryô avait fini de manger sa tranche de pastèque dont il ne restait plus qu'une fine pellicule rouge pâle. Si tu as du mal à dormir seul, je peux dormir près de toi, si tu veux, ai-je dit. Ryô a fait oui de la tête. Comme quand il était petit. Je l'ai regardé avec étonnement, à son tour, il m'a regardée de ses yeux cernés.

C'est quand j'ai commencé à dormir près de Ryô que je me suis mise à rêver de maman.

Mais au fait. Ce n'est pas un peu bizarre que nous dormions ensemble ? D'abord, nous sommes frère et sœur… ai-je dit une fois.

Ryô n'a rien répondu. D'ailleurs, j'espérais qu'il ne dirait rien, enfin, je crois. Non, je savais qu'il serait incapable de répondre. Je le savais, c'est ce qui m'avait incitée à poser la question.

Depuis l'enfance, Ryô n'est pas d'une nature à parler de ce qui lui tient à cœur. Il n'est pas pour autant taciturne, mais tant qu'il n'a pas la certitude de pouvoir aller jusqu'au bout de son idée, il préfère rester sans rien dire. Enfin, c'est plus ou moins quelque chose de ce genre. Ce qui signifie que ce qu'il ne dit pas, on peut être sûr qu'il n'arrête pas d'y réfléchir.

Son expérience de l'attentat au gaz sarin, il a commencé à en parler par bribes, après que nous avons commencé à habiter ensemble.

Quand je pense qu'il ne m'est rien arrivé à moi ! Je ne sais pas pourquoi je repense si souvent à ce qui s'est passé. Tout de suite après, je m'imaginais que j'avais frôlé la mort. Pas du tout. Je n'ai même pas vu de près les victimes. Il n'y a presque aucune différence entre moi et les gens qui n'étaient pas sur place et qui suivaient à la télévision le déroulement des événements.

Pourtant, j'ai gardé de ce qui s'est passé un souvenir presque palpable. Mais au fond, quelle est cette sensation que je n'ai pas oubliée, que j'ai comme au bout des doigts ? Peut-être ai-je fait autrefois une expérience comparable, qui a laissé en moi une trace ineffaçable. Car enfin, si c'était quelque chose que j'avais seulement imaginé, je suis persuadé que ma mémoire n'en garderait pas une trace aussi vive. Celui qui a entendu l'appel d'une voix au loin ne pourra pas rester indifférent s'il lui est donné de l'entendre une nouvelle fois. C'est la sensation que j'ai éprouvée à ce moment-là. J'ai l'impression d'avoir ressenti les choses ainsi… Je ne comprends pas moi-même. Mais qu'est-ce qui me prend, qu'est-ce que je suis en train de raconter ?

Il se sentait désemparé. Mal à l'aise, je n'en doute pas, n'empêche, il était toujours insomniaque. Nuit après nuit, Ryô continuait-il à s'interroger sur la voix qui l'appelait ?

Nous sommes aujourd'hui en 2013, j'ai cinquante-cinq ans, Ryô en a cinquante-quatre. Nous ne sommes pas vraiment vieux, mais nous ne sommes plus jeunes. Je continue à me demander où est ma place en ce monde.

Maintenant Ryô et moi dormons dans ma chambre. Ce qui m'a gênée au début, les mouvements de Ryô, son souffle dans le sommeil, la lumière de la veilleuse à notre chevet, tout cela est devenu parfaitement naturel. Moi qui ai tant désiré Ryô autrefois, mes pensées ne s'attachent plus à son corps, ce corps à présent allongé contre moi. Je constate seulement qu'il y a à côté de moi un homme un peu usé, un homme fatigué. Ce n'est qu'un corps mais ce corps porte un nom, Ryô, et lorsque je le prononce en moi-même, le sentiment enflammé que j'éprouvais autrefois se ranime lentement.

Avant d'habiter de nouveau avec Ryô, j'avais vécu avec un homme. Cet amant avait apporté ses affaires chez moi, dans l'appartement que j'occupais dans la partie est de Matsubara, à Shibuya, et il était resté pendant trois ans. J'avais alors trente-cinq ans.

J'aimais bien l'odeur que le corps de l'homme laissait dans les draps. Comme moi, il exerçait un travail qui lui permettait de garder sa liberté, et s'il lui arrivait de s'absenter longtemps, il pouvait aussi bien rester enfermé dans l'appartement sans mettre le nez dehors. Nous passions la nuit à travailler et nos deux corps épuisés de fatigue s'unissaient au petit matin. Nous finissions par dormir, pour nous réveiller au milieu de l'après-midi.

A peine levés, nous prenions un café en grignotant du chocolat. La plupart du temps, c'était lui qui préparait le repas. Des pâtes. Des tranches de viande grillées. Du bouillon de poisson. Il faisait bien la cuisine, mais dans un genre complètement différent de maman. A l'idée de manger la même chose toute ma vie, je me sentais lasse. Vers le même moment, il est parti.

Aimer un homme et aimer Ryô étaient deux choses complètement différentes. Je n'arrive pas à formuler cette différence avec des mots justes. Mais comme il n'y a personne pour me poser la question, je n'ai nul besoin de chercher les mots susceptibles de traduire mon sentiment.

Ryô aussi avait une amie. Il en a eu plusieurs. Alors qu'il était question qu'il épouse celle qu'il fréquentait à ce moment-là, le cancer de maman s'est déclaré. Son état s'aggravait, et on n'a plus parlé de mariage pendant quelque temps. Maman détestait l'hôpital. C'est blanc, j'ai cet endroit en horreur, disait-elle d'une voix faible. Je veux rentrer à la maison.

Papa et Takeji se sont démenés pour trouver un médecin qui consente à venir à domicile, ainsi qu'une infirmière. Les temps voulaient qu'on meure à l'hôpital. Grand-mère s'est éteinte à la maison, mais grand-père a rendu son dernier soupir à l'hôpital… a murmuré maman. Tu as bien le temps de mourir, voyons ! a protesté papa, mais maman s'est contentée de froncer les sourcils.

On lui a caché au début qu'elle avait un cancer. Je crois qu'il vaut mieux lui dire la vérité. Car enfin, c'est elle et personne d'autre qui est malade, a déclaré papa. Il a hésité pendant un certain temps. Finalement, il lui a tout dit.

Maman n'a montré aucune surprise. C'est bien ce que je pensais. Tu aurais pu m'avertir plus tôt ! Si je comprends bien, tu ne me faisais pas confiance, hein ? Indignée, elle lui lançait des reproches. Elle qui avait beaucoup maigri et que la maladie avait vidée de son énergie, la colère lui redonnait des forces.

Ryô n'a plus parlé de la fille qu'il fréquentait. Je l'ai quittée, a-t-il annoncé un jour à brûle-pourpoint. Ça n'allait plus entre nous. Oui, elle faisait des tas de projets… Il a eu un petit rire amer.

Après son retour à la maison, maman a vécu des jours paisibles. Nahoko et sa mère venaient la voir tous les dimanches. Je n'ai plus envie de café. Sois gentille de me donner un thé léger, demandait maman avec douceur.

Jusque dans ses derniers moments, elle me semblait pleine de vie. Les expressions qu'elle utilisait, tantôt polies, tantôt un peu vulgaires, sa façon de parler maniérée, distante ou au contraire intime, tout était en parfait accord avec sa personne.

Je dois reconnaître, eh bien, oui, j'ai l'impression d'avoir eu une vie heureuse dans l'ensemble. Je ne voudrais pas encore mourir. Mais tant pis, on n'y peut rien. J'en ai pris mon parti.

Quand je lui ai apporté son thé léger, maman parlait d'un ton espiègle. C'était quelques jours avant sa mort. Quand elle souffrait beaucoup, elle n'était plus la même, mais dès que la morphine faisait son effet, elle reprenait le dessus instantanément.

Aux obsèques, il y avait beaucoup plus de monde que je ne m'y attendais. Papa, Ryô et moi, et Takeji qui avait pris place à nos côtés, comme un membre de la famille. Sa femme et ses enfants étaient au milieu de l'assistance et ils regardaient droit devant eux. L'épouse de Takeji n'était pas venue une seule fois voir maman. Elle ne m'aime pas, avait dit maman un jour. D'ailleurs, les femmes me détestent de façon générale.

Moi, je l'aimais. Maman était l'archétype de la femme, l'aimer ou la détester n'avait aucun sens à mes yeux. Je l'aimais, un point c'est tout, sans avoir besoin de m'expliquer.

Par exemple, quand je mets de l'eau à bouillir.

Tout d'un coup, je ne sais plus en quelle année nous sommes ni où je suis.

Nous sommes en 2013. A Tôkyô, dans l'arrondissement de Suginami. Cette maison où Ryô et moi avons été élevés a plus d'un demi-siècle, il faut réparer de temps en temps les fuites, portes et volets résistent, je dois pousser de toutes mes forces pour les ouvrir, mais le temps passe sans que je m'occupe sérieusement d'entreprendre des travaux pour la rénover.

La maison a été construite sur un terrain appartenant à une compagnie de chemins de fer. Le promoteur avait morcelé des parcelles relativement grandes. Est-ce parce que la courbe d'augmentation du prix des terrains ralentissait, personne n'a cherché à vendre à l'occasion d'une succession, si bien que même si les habitants se sont renouvelés, les rues ont conservé leur atmosphère d'autrefois.

D'une manière inexplicable, je ne savais plus où j'étais. Le couvercle de la bouilloire s'est mis à tressauter. L'eau allait bientôt se mettre à bouillir. Un peu de vapeur s'échappait de l'orifice. La boîte de thé dans une main, de l'autre j'ai saisi la bouilloire pour devancer l'instant de l'ébullition. Si je la gardais soulevée, l'ébullition ne se produirait pas. J'ai détourné les yeux une fraction de seconde, l'eau s'est mise à bouillir, comme pour me narguer.

Il m'est déjà arrivé comme aujourd'hui de prendre du thé dans la boîte, de le mettre dans la théière, de verser de l'eau chaude. Je ne peux pas dire précisément quand, car j'ai souvent répété les mêmes gestes dans la même maison, mais si je ne sais plus, cela ne peut pas s'expliquer par le simple fait que l'occasion m'a été donnée de refaire les mêmes gestes au même endroit, autrefois et maintenant.

A l'école, quand je courais à côté de Ryô, j'avais souvent l'impression de m'éloigner de mon propre corps. Je me voyais en train de courir à côté de mon frère. J'ai lu quelque part que c'était une expérience très courante. Apparemment il n'y a là rien d'exceptionnel, c'est la conscience de soi qui fait naître cet état. Ce moment où l'on prend conscience que l'on est soi, et qui m'avait paru à moi étrange.

Encore maintenant. A l'époque où je vivais avec un homme, c'était la même chose. Ensemble pendant trois ans, je croyais que je le connaissais. Mais il n'était qu'une enveloppe qui avait la forme d'un homme, et je n'avais aucun moyen d'en connaître le contenu.

Ah, la barbe, je n'en sais rien !

Je me trouve souvent dans cet état.

Ne pas savoir n'a en soi rien d'étonnant. Je sais très bien qu'il y a une foule de choses que j'ignore. Et pourtant, je formule dans ma tête des mots pour le dire, pour bien m'assurer de la conscience que j'ai de ne pas savoir.

En même temps que les mots se forment, le visage de l'homme me devient inconnu. Quand on écrit des dizaines de fois le même *kanji*, il perd brusquement toute signification, phénomène qu'on nomme « décomposition ». Ça aussi, je l'ai trouvé dans un livre. Serait-ce parce que j'ai regardé le visage de l'homme des dizaines de fois ? Est-ce parce que je le regardais avec trop de passion, en jurant que je l'aimais ?

Je t'aime. Encore des mots dont je ne saisis plus le sens. A force d'être répétés, les mots se sont désagrégés, disloqués, désarticulés.

« Je t'aime ».

L'eau bouillait, je l'ai versée dans la théière, je me rappelais cette chaleur, le mot lui-même ne m'était plus nécessaire. Cette chose qui me brûlait la langue traversait ma gorge pour atteindre l'œsophage avant de tomber dans l'estomac. Une chose agréable. Qui sentait bon. Rien que cela était suffisant.

« Tiens, on dirait une chauve-souris dans le style de Kôrin », a dit une voix derrière moi. C'était, je crois, quelque temps après que nous avons commencé d'habiter ensemble.

C'était la voix de Ryô. Mais il me semblait que cette voix ne lui appartenait pas.

« Kôrin ? »

Ryô regardait les murs de la chambre où nous dormions. Tous ces motifs que nous avions dessinés ensemble au temps de notre enfance, blason, emblème, insigne ou autre. Pluvier, feuilles de mandarinier, boisseaux, pins superposés… La différence de nos dessins sautait aux yeux. Le tracé de Ryô était fantaisiste.

« Il faut dire que je me contentais de dessiner au petit bonheur ! » prétend-il, mais compte tenu de l'âge qu'il avait alors, il avait fait preuve d'une grande application. Car il était dans une période où l'impétuosité dominait ses actions et l'empêchait de se concentrer assez pour améliorer son dessin en revenant dessus. L'énergie qui bouillonnait en lui était trop puissante pour rester enfermée à l'intérieur de son corps. Je m'étonne encore qu'il ait été capable à ce moment de sa croissance de se concentrer assez pour dessiner.

« Oui, les chauves-souris Kôrin. C'est un motif qui était très en vogue à l'époque d'Edo. »

Mon ignorance me laissait bouche bée. Ryô m'a expliqué que l'entreprise où il travaillait faisait commerce de vaisselle décorée du fameux dessin. On a reproduit ce motif de chauve-souris sur des serviettes, des assiettes, des petits bols... Tiens, tu sais, ça ressemble beaucoup au signe de Batman ! Mais tu ne trouves pas que mon dessin a nettement plus de charme et que mes chauves-souris sont plus mignonnes ? Un artiste s'est servi de ce motif pour décorer des assiettes de porcelaine, figure-toi qu'elles ont eu un succès considérable à l'étranger. Je me disais bien que je l'avais déjà vu quelque part, je ne me trompais pas, je l'avais moi-même dessiné ! Il ne faut donc pas s'étonner si le tracé est un peu hésitant, comme en suspens.

Les chauves-souris Kôrin ! Ce nom m'amusait et je suis restée un moment à regarder le dessin. Il était sur le mur juste à côté du lit, exactement à hauteur de mes yeux quand j'étais couchée, je devais le regarder depuis plusieurs nuits. Le bonheur que j'éprouvais à être ainsi avec Ryô, seuls tous les deux sous le même toit, me rendait les chauves-souris familières. Il me semblait qu'elles allaient disparaître dans l'air nocturne, hésitant un moment avant de déployer leurs ailes.

Qui est-ce au fait, Kôrin ? a demandé Ryô. Je ne sais pas au juste, ai-je répondu, ce qui l'a fait rire. Miyako, tu es illustratrice et tu ne sais pas ? C'est malin.

Le visage de maman dans la mort était très beau. Mais quand elle vivait, parler d'elle comme d'une jolie femme ne lui allait pas du tout.

On pourrait dire « pleine de charme », non ?

Je répétais ce que des amis de papa avaient murmuré entre eux, un jour qu'ils étaient venus à la maison.

Elle, maman. Pour comble, quand les amis de papa étaient éméchés, ils ne se gênaient pas pour lui passer en douce la main sur les hanches ou lui chuchoter quelque chose à l'oreille, avant de se tourner vers moi pour me lancer, la bouche pâteuse : « Ta maman est bien séduisante, tu sais ! » A croire qu'aucun d'eux n'avait le sens des convenances.

« Tous les hommes sont amoureux de maman », ai-je annoncé un jour à Ryô, quand j'étais collégienne. Il a hoché la tête. Puis, en guise de réponse : « Il faut dire qu'elle aime bien leur tourner la tête ! »

J'ai demandé : « Tu trouves que maman est belle ?

— Ce n'est pas une beauté, mais elle est attirante, tu ne crois pas ? D'ailleurs, c'est ce que tous les hommes disent, non ? »

Ryô avait dit « les hommes » avec une intonation haineuse. Il était jaloux de tous les hommes, à la différence de papa, qui semblait même prendre un certain plaisir au succès de maman.

De temps en temps, je regarde des photos de maman. Comparée aux femmes japonaises actuelles, elle a un petit air suranné. Elle se tient bien droit, la taille cambrée, les jambes collées l'une contre l'autre, le bout des pieds rentré vers l'intérieur, les mains posées bien à plat le long du corps. Je crois que la particularité qui saute le plus aux yeux est que le menton est exagérément levé, comme le sont aussi ses sourcils très fournis, enfin, si je ne me trompe pas. Toutes les photos sont prises dans la même posture, et je me rends compte maintenant que maman est intimidée. Une actrice à l'écran, quelque chose comme ça.

« Parmi les hommes qui étaient attirés par maman, il y en a encore qui sont de ce monde ? ai-je demandé à Ryô, qui est resté un moment silencieux.

— A mon avis, ils doivent être morts pour la plupart, a-t-il fini par répondre.

— Mais papa vit toujours, Takeji aussi.

— Ces deux-là ont failli tomber sous le charme, mais à mon avis, ça n'a pas marché. »

Les propos de Ryô étaient pour le moins mystérieux.

« Alors, selon toi, ni papa ni Takeji n'étaient amoureux de maman ?

— Non, il ne s'agit pas de ça. Aimer, ne pas aimer, tout ça, c'étaient des catégories qu'ils avaient dépassées, je crois. Ils étaient trop proches, tous les deux. Elle, elle avait tendance à casser les codes… »

Parfois, Ryô dit *elle* en parlant de maman. Comme les hommes qui venaient à la maison.

PAPA ET MAMAN / NAHOKO

Les jours de pluie, le tic-tac des pendules résonne très fort.

Je pensais qu'elles finiraient par s'arrêter si je les laissais tranquilles, mais le tic-tac continue depuis de nombreuses années, depuis que Ryô et moi habitons de nouveau la maison, et il m'arrivait d'ouvrir en cachette la porte de cette pièce destinée en principe à ne jamais être ouverte.

La clé se trouvait dans un tiroir de la cuisine, ce n'était pas un secret. C'était Ryô qui l'y avait mise, lui également qui avait décidé de la laisser fermée.

« Ici, eh bien… »

Le jour du déménagement, Ryô avait commencé une phrase, puis s'était interrompu. J'aurais voulu voir son visage. Quelle expression avait-il en disant ça ? Mais il n'a pas relevé la tête. Seuls ses cils palpitaient légèrement. Pensait-il à quelque chose, ou bien n'était-ce qu'un clignement d'œil ?

« Cette pièce, on va la condamner », a-t-il fini par dire. Ce n'était peut-être pas ce qu'il avait l'intention de dire au début.

La serrure a cédé tout de suite. Quand j'ai ouvert, une odeur de moisi a assailli mes narines. J'ai ouvert en grand les fenêtres, et quand l'air a pénétré, les bords du couvre-lit se sont agités. A l'époque, Ryô avait quitté cette maison un peu avant moi. J'en avais fait autant quelques mois plus tard.

Les trois pendules et l'horloge faisaient entendre leur tic-tac régulier. Tout de suite après le départ de Ryô qui était devenu indépendant, papa avait fait de cette pièce la chambre du Temps. Montres-bracelets, pendules murales, pendules de table, elles occupaient l'espace en toute liberté. Je me sentais mal à l'aise, car j'avais l'impression que papa se réjouissait du départ de Ryô.

Quand papa s'est installé dans un appartement après la mort de maman, il a emporté toutes les montres et pendules possibles, n'en laissant que quatre.

Quand j'allais le voir, les pendules qu'il avait emportées étaient disposées sur une grande table. Cette table aussi venait de la maison. Elle était grande, on pouvait s'y asseoir à dix.

Du vivant de maman, à une époque où beaucoup de gens venaient à la maison et où Ryô et moi étions encore enfants, la table était couverte de tous les plats qu'elle avait préparés pour les invités. Mangez pendant que c'est chaud, ça, il faut le consommer froid, gazouillait-elle tout en allant et venant de la cuisine à la salle à manger.

On ne voyait que des pendules sur la table dans l'appartement de papa. Je lui ai demandé un jour ce qu'il avait fait des montres-bracelets, il a secoué la tête en disant qu'il les avait jetées. D'ailleurs, les pendules murales aussi, je m'en suis débarrassé pour la plupart. Sauf trois, et aussi l'horloge noire, je les ai laissées à la maison. Elles sont d'un modèle peu courant, et maman les aimait beaucoup, elle aussi, je me suis dit que ça lui ferait de la peine si je m'en séparais.

Maman est morte, comment veux-tu que ça lui fasse quelque chose ? ai-je répliqué. Mais en moi-même, je me doutais vaguement qu'elle serait triste. Quand on lui enlevait quelque chose qu'elle affectionnait, maman se fâchait. D'ailleurs, en fait de chagrin, elle se mettrait en colère, oui ! A l'instant où je me disais ça, maman m'a terriblement manqué.

Tandis que le vent caressait les murs, j'ai détaché les pendules et j'ai ouvert le couvercle. A l'intérieur de chacune, il y avait une grosse pile. Je trouvais mystérieux qu'elles continuent à marcher depuis toutes ces années. Ce soir-là, j'ai posé la question à Ryô. Il m'a expliqué l'astuce sans s'embarrasser de formules.

C'est moi qui change les piles, figure-toi, à la demande de papa.

Il a dit ça comme si c'était la chose la plus simple du monde. Prise de court, je suis restée muette.

Quand j'ai pénétré dans la chambre de Ryô pour la première fois depuis longtemps, j'ai été surprise, d'une manière inexplicable, de ne sentir qu'une odeur de moisi, rien d'autre.

Je m'imaginais que la chambre avait gardé une odeur plus dense, comme un secret.

J'ai tapoté la housse qui couvrait le lit, passé le doigt pour enlever la poussière accumulée sur la bibliothèque et pris un livre au hasard.

C'était un livre illustré, de couleur verte, et sur la couverture était dessiné un fin serpent de mer. Je n'avais jamais vu ce livre du temps où Ryô était à la maison. Peut-être était-ce maman ou papa qui l'avait posé là par mégarde. La bibliothèque était en bois léger, elle m'a semblé très vétuste.

J'ai encore une fois tapoté le couvre-lit. J'ai failli m'asseoir, mais j'ai renoncé.

J'ai refermé la fenêtre, tiré les rideaux, j'ai remis le livre à sa place, j'ai soupiré, puis j'ai quitté la chambre. Je me suis retournée, mais décidément, il n'y avait nulle trace de Ryô, enfin nulle trace du Ryô d'autrefois.

Quand j'ai donné un tour de clé, j'ai entendu le déclic. Clic clac. Ce bruit métallique m'était agréable, la clé qui trouvait exactement sa place dans la serrure. Cet accord parfait n'a pas lieu chez les êtres vivants. Seuls les objets que l'homme a fabriqués avec précision sont capables de procurer cette sensation d'accord parfait.

Ce soir-là, j'ai haché finement des feuilles de chou. Ryô n'aime pas ça. Le chou, c'est bon pour les insectes, dit-il en le repoussant sur son assiette. J'avais envie de faire quelque chose qui déplaise à Ryô. En réalité, je n'en étais pas consciente à ce point, mais je voulais me libérer de quelque chose qui me mettait mal à l'aise de façon indéfinissable, et j'ai haché sans fin des feuilles de chou.

Ryô a dévoré le chou qui accompagnait les beignets de viande que j'avais disposés sur un plat.

« Tu n'avais pas ça en horreur ? »

Ryô a secoué la tête.

« Ah bon ? Oui, sûrement, quand j'étais petit. J'ai oublié. »

J'avais versé sur le chou quelques gouttes d'une sauce à l'odeur un peu sucrée. Le cœur me battait légèrement tandis que je regardais Ryô manger avec application. Quand j'ai saisi entre mes baguettes le chou finement coupé, j'ai eu l'impression qu'il croustillait entre mes dents. Mais une fois que j'ai enfourné un bout de beignet de viande, il a perdu toute saveur, ce n'était plus qu'un amalgame de fibres. Il m'arrive parfois de ne plus savoir apprécier ce que je mange.

« C'est rudement bon ! » a dit Ryô. Il me faisait un compliment sur la cuisine que je préparais tout naturellement, puisque c'était moi qui restais à la maison, mais à l'origine c'était lui qui aimait s'affairer à la cuisine. C'était lui plus que moi qui aidait maman. Moi, je préférais faire les courses ou nettoyer le jardin, lui aimait mieux éplucher les pommes de terre ou couper en menus morceaux de quoi faire un riz cantonais.

« Dimanche, c'est toi qui feras le dîner, d'accord ?

— D'accord. »

Tandis que nous parlions, je me suis souvenue de cet été-là, comme le souvenir d'une vision. D'ailleurs, cet été-là n'avait-il pas été une vision ?

Pendant les quelques années qui ont suivi mon départ de cette maison, que je mange ou que je dessine, que je fasse des courses ou que je lise, je me rappelais sans cesse un certain soir d'été. Mais peu à peu, j'ai cessé de m'en souvenir.

Le souvenir de la période où j'avais été séparée de Ryô était plus vif, comme à fleur de peau. Depuis que j'ai commencé à habiter avec lui, l'apparence de Ryô qui a vieilli et que j'ai devant moi se superpose à l'image du Ryô d'autrefois, ma mémoire devient confuse, les souvenirs s'entassent et les plus lourds s'en vont stagner tout au fond.

Dans de très rares moments, j'essaie d'évoquer certaines choses, exactement comme on se rappelle avec tendresse les plaisanteries d'autrefois. Ce qui s'est passé cette nuit-là, cet été-là.

Au loin, une cigale chantait. Le tic-tac des pendules, simultané, m'est parvenu. Le vent était tombé, Ryô était en sueur.

« Votre papa n'est pas votre vrai père », a déclaré Takeji.

J'étais en première année de lycée, Ryô en troisième année de collège.

« Mais si ça se trouve, vous vous en doutiez déjà. »

Voilà ce que nous a déclaré Takeji un beau jour, d'un ton léger.

« Votre papa n'est pas le mari de votre maman. »

Tout d'abord, ni moi ni Ryô n'avons saisi le sens de ces paroles.

« Quoi ? »

Ma voix avait comme explosé, et Takeji a pris un air un peu perplexe.

« Vous ne le saviez pas ?

— Je ne comprends pas ce que tout ça veut dire », a dit Ryô. Il avait un ton aussi dégagé que Takeji. Il croyait certainement que Takeji se moquait de nous. Il lui arrivait parfois de faire des plaisanteries de mauvais goût.

« Tous deux sont frère et sœur.

— Qui ça, tous deux ?

— Frère et sœur ? »

Cette fois, Ryô et moi avons explosé simultanément. Il serait plus juste de dire que ce qui a franchi nos lèvres était, non pas des mots contenant un sens, *tous deux frère et sœur*, mais plutôt des sons inintelligibles.

« Vous avez bien entendu. Mais oui, tous les deux, votre papa et votre maman. Et si je dis qu'ils sont frère et sœur, c'est parce que votre papa est le frère aîné de votre maman. Ecoutez, à l'origine, c'est votre père qui devait prendre la succession de la fabrique de papier, ou si vous aimez mieux, prendre la relève de la maison où votre mère a été élevée. Seulement voilà, quand votre père était jeune, il est parti, c'est pour ça que c'est moi qui… »

Takeji continuait sur le même ton dégagé. Ryô et moi, nous nous sommes regardés. Chacun cherchait dans le regard de l'autre le même doute, nous n'arrivions pas à croire que Takeji disait vrai.

« Et comme ils ne sont pas mari et femme, mais bien frère et sœur, c'est après la naissance de Ryô qu'ils se sont mis à vivre ensemble. Votre père n'apparaît pas sur les photos quand vous étiez petits. »

Une nouvelle fois, Ryô et moi nous sommes regardés. Etait-ce bien certain ? J'avais l'impression d'avoir les albums de famille devant mes yeux. A l'époque de notre enfance, les photos étaient encore souvent en noir et blanc et on les maintenait aux quatre coins à l'aide de petits triangles de papier transparent. Certains se décollaient des pages au papier épais et les photos se mettaient alors de travers.

« Je vais chercher un album », a dit Ryô en se levant d'un mouvement brusque.

Takeji, Ryô et moi avons feuilleté l'album, en rapprochant nos visages. Effectivement, il n'y avait pas de photos de papa. Celles où on nous voyait tous les quatre ensemble étaient des photos en couleurs.

« Est-ce que vous avez des souvenirs de votre père quand vous étiez tout petits ? » a demandé Takeji.

J'ai failli répondre, bien sûr que oui, puis j'ai hésité.

Maman en train de jouer à nous poursuivre, Ryô et moi. Maman accroupie qui me mordillait le bout de la langue. Maman en train de donner une tape sur les fesses de Ryô. Maman dont le chapeau s'était envolé dans un parc. Maman qui mettait dans un vase en verre les fleurs du jardin qu'elle avait cueillies. Maman qui marchait vite et nous montrait toujours son dos, nous qui courions derrière elle.

Les images qui demeuraient dans ma mémoire étaient toutes des images du corps de maman.

« C'est sans doute parce que papa était au travail ? » Telle a été ma réponse, au lieu de, non, je n'ai pas de souvenirs de papa quand j'étais toute petite. Mais je ne pouvais rien changer au fait que je n'avais en réalité aucun souvenir de lui.

« Cette maison que votre grand-père a achetée pour votre mère, vous l'habitiez au début tous les trois. Votre père est arrivé après.

— Arrivé ? » a répété Ryô d'un ton absent. Il est arrivé. Curieuse façon de dire les choses. Quant à moi, je restais songeuse.

« Votre père, il ne voulait pas revenir, à mon avis. Je crois qu'il n'a pas pu faire autrement… »

Takeji continuait d'un ton toujours aussi léger.

Le lendemain du jour où Takeji nous a raconté cette histoire, nous étions encore hébétés. Puis Ryô a déclaré brusquement : « Il faut faire une réunion pour arrêter une stratégie. » Comme la maison ne semblait pas le lieu adéquat, il a décidé d'organiser ça dans le hall de la bibliothèque municipale.

Le hall de la bibliothèque était clair et spacieux, des chaises en nombre suffisant y étaient disposées. L'endroit, rempli de lumière, ne se prêtait cependant pas au genre de « réunion » que Ryô et moi étions censés tenir.

Nous avons tenu un conciliabule dans des chuchotements.

« Si papa est le frère de maman, ça veut dire qu'il est notre oncle.

— Et nous qui l'appelions papa…

— Ça, c'est sans importance.

— Je ne trouve pas, moi.

— Les liens biologiques ne sont peut-être pas aussi forts que s'il était notre père, mais enfin, ils existent.

— Oui, évidemment.

— Du point de vue de l'hérédité, maman et papa sont très proches.

— La question n'est pas là, à mon avis. Ecoute, où se trouve notre vrai père ? »

Notre vrai père. Il va sans dire que là était la question. Nous avons continué à discuter à mi-voix. Que papa nous ait menti en se comportant avec nous comme s'il était notre vrai père, ni Ryô ni moi n'avions envie de lui en tenir rigueur, sans trop savoir pourquoi. En fait, papa n'était peut-être pas sans défaut mais il était un père acceptable, c'est le moins qu'on puisse dire.

« Pourquoi Takeji nous a-t-il mis au courant tout à coup ?

— Oui, tu as raison. Parce que papa et maman ne nous auraient sûrement pas caché la vérité pour ne pas nous faire de peine. »

C'était vrai. Dans notre famille, on ignorait les faux-semblants et les détours, et il n'y avait pas de raison de ne pas nous dire que notre père n'était pas notre vrai père.

« Je vois très bien maman ou papa nous dire qu'ils n'ont pas fait exprès de nous cacher la vérité, simplement ils trouvaient fastidieux d'avoir à nous l'expliquer.

— Si ça se trouve, Takeji aussi nous a tout raconté un peu comme ça, par hasard. »

Ryô et moi avons échangé un regard. C'était plus que probable. Une famille qui ne met pas au-dessus de tout l'importance de dire la vérité aux enfants et qui se contente d'attendre que l'occasion se présente. Il ne faisait pas de doute que Takeji, très proche de nous, était de la même nature.

En définitive, Ryô et moi avons décidé à la fin de notre réunion de ne pas chercher à en savoir plus que ce que Takeji nous avait appris. Car si nous avions insisté auprès de papa ou de maman pour qu'ils nous disent qui était notre vrai père, ils auraient fait semblant de ne pas comprendre le sens de notre question. Papa et maman avaient tous les deux l'esprit de contradiction.

« Dis, pourquoi est-ce que tu nous as appris à ce moment-là que papa n'était pas notre père ? »

Bien longtemps après, j'ai posé la question à Takeji, mine de rien.

« Eh bien, moi aussi, j'y pense souvent. »

La réponse de Takeji m'a plutôt étonnée. Je croyais qu'il allait dire quelque chose du genre, « il n'y avait pas de raison particulière, tu sais », ou « ça m'a échappé ».

« Il faut croire que j'étais amoureux…

— Amoureux ? »

Takeji a pris un air un peu confus, mais il n'a rien ajouté. Et je n'ai pas insisté non plus.

Cela voulait-il dire qu'il nous faudrait attendre encore pour découvrir qui était notre vrai père ?

Mais Ryô et moi savions déjà plus ou moins à quoi nous en tenir. Nous ne nous trompions pas.

A chercher ainsi dans ma mémoire, je me suis aperçue que l'ombre de Nahoko traversait çà et là mes souvenirs. Exactement comme si de petites forêts traversaient soudain l'horizon.

Pendant quelque temps, j'ai fréquenté une maison où vivaient plusieurs membres de la famille de Nahoko. Tout simplement parce que la nièce de Masuko, autrement dit la cousine de Nahoko, avait manifesté le désir de prendre des leçons de dessin. Cette cousine s'appelait Kaoru, elle avait cinq ans de moins que moi. A cette époque, j'allais à l'école des beaux-arts et je ne croyais pas avoir une technique suffisante pour enseigner le dessin, mais, séduite par l'argent que me proposaient ces gens plus qu'à l'aise, j'allais donner ma leçon une fois par semaine.

Kaoru était une jolie fille. A force de lui apprendre à dessiner des légumes et les objets qui se trouvaient sur sa table et à utiliser la couleur, j'avais fini par avoir envie de faire son portrait.

Essaie de faire ton autoportrait, ai-je dit un jour. Elle a froncé les sourcils. Ça ne me parle pas vraiment, de dessiner mon visage.

Ne pense pas qu'il s'agit de toi, fais comme si c'était le visage d'une autre. Kaoru, lentement, s'est mise à dérouler une ligne. Elle a tracé le contour du visage, puis les yeux et le nez, elle a estompé pour faire des ombres, mais ça ne ressemblait pas du tout à un visage humain. C'était comme les légumes ou les objets qu'elle avait dessinés jusqu'à présent.

Pendant que Kaoru peinait pour réaliser son portrait, de mon côté, je la dessinais sur plusieurs feuilles de papier. Quel que soit l'angle sous lequel je représentais son visage, elle était belle.

Au bout d'un certain temps, son dessin a fini par ressembler à un visage humain. Ça y est, j'ai fini. En même temps, elle est venue me montrer son dessin. J'ai poussé un cri.

« Pourquoi as-tu dessiné de cette façon ? » ai-je demandé.

Elle a secoué la tête.

« Je crois que c'est assez réussi, pourtant…

— Mais ce n'est pas du tout ressemblant !

— Mais non, c'est bien mon visage. »

Le dessin qu'elle me montrait, cette fille qu'elle avait dessinée, c'était exactement Nahoko.

« Je ne dis pas que je ne l'aime pas. Mais un dessin se doit de représenter l'objet qu'on a sous les yeux.

— Moi, je le trouve fidèle. »

Kaoru qui était une élève docile et qui ne répondait jamais, faisait preuve d'obstination cette fois, ne voulant rien entendre.

Elle avait fait d'elle trois portraits. Un de face, deux de profil. C'était à chaque fois Nahoko, aucun ne présentait de ressemblance avec Kaoru. Qu'elle ait pu reproduire aussi fidèlement le visage de Nahoko sans le voir m'a causé une légère inquiétude.

« Tu aimes à ce point le visage de Nahoko ? me suis-je risquée à demander.

— N'importe quoi ! » Telle a été sa réponse.

Plusieurs années après, Kaoru s'est inscrite à la faculté des sciences. Elle m'a donné son autoportrait. Comme elle répétait toujours qu'elle n'aimait pas son visage, j'ai montré le dessin à Nahoko un jour. Elle a écarquillé les yeux en s'exclamant : « Mais c'est Kaoru ! C'est vraiment ressemblant. Tu dessines bien, Miyako ! »

Nahoko rit tout le temps.

Ce n'est pas qu'elle rie pour de bon, mais son expression, quand elle est sérieuse et qu'elle ne parle pas, prend la forme d'une moue rieuse.

« Ce dessin, ce n'est pas moi qui l'ai fait, c'est Kaoru », ai-je dit.

Nahoko s'est contentée de rire. A moins qu'elle ne soit restée muette et sérieuse. Encore maintenant, je suis incapable d'en décider.

« Donc, c'est un autoportrait ?

— Oui, mais je ne le trouve pas ressemblant du tout.

— Ah bon ? Ce n'est pas si évident. »

Nahoko ne quittait pas le dessin des yeux. Le visage de Nahoko qui fixait le portrait s'est superposé au visage de Kaoru sur le dessin. Mais tout de suite, ils sont devenus deux choses différentes.

Bien que Nahoko ait l'air de rire, son visage n'a pas la moindre chaleur. Elle ne donne pas pour autant l'impression d'être triste. Le rire qui infléchit l'expression du visage et le sentiment que celui-ci exprime sont comme deux éléments distincts. Mais le fait que j'aie aimé tout de suite Nahoko est sans aucun rapport avec ça.

Jusqu'à la fin du collège, Nahoko avait l'habitude de passer à la maison les vacances d'été, habitude qui n'a pas connu de rupture. Nous allions tous les trois à bicyclette à la piscine municipale et nous revenions quand l'heure la plus chaude de l'après-midi était passée. Il n'y avait que deux vélos et c'étaient Nahoko et Ryô qui pédalaient, quant à moi, je montais derrière l'un ou l'autre. Le porte-bagages était dur et comme la route n'était pas bien bitumée, j'avais toujours mal aux fesses. Ryô disait que je le chatouillais en passant les bras autour de ses reins, mais Nahoko préférait que je reste collée contre son dos.

« Sans ça, je peux pas rouler droit ! »

J'entourais ses hanches minces, je collais mon visage contre son dos, et j'entendais les battements de son cœur. A l'aller, il battait vite, au retour, j'avais l'impression que les battements étaient plus lents.

Nahoko parlait souvent dans son sommeil.

Quand nous faisions la sieste au retour de la piscine, nous nous allongions tous les trois l'un à côté de l'autre sur les tatamis. Nahoko prenait un coussin en guise d'oreiller, Ryô restait sans rien, ni oreiller ni couverture, moi, je me mettais une petite serviette jaune sur les jambes et je m'endormais en déplaçant petit à petit mon visage.

Nous ne dormions pas longtemps, mais c'était d'un sommeil profond. Nahoko parlait si fort dans son sommeil que Ryô et moi finissions immanquablement par ouvrir les yeux.

Nahoko bataillait toujours contre quelque chose dans ses rêves. Mais c'étaient des discussions si plaisantes que nous restions à l'écouter parler dans son sommeil sans la réveiller. Nous n'arrivions presque jamais à comprendre ce qu'elle disait. Elle respirait vite et elle émettait sans discontinuer des sons proches d'un rire.

Quand ce qu'elle disait dans son sommeil arrivait à son paroxysme, elle se réveillait en sursaut. Elle posait sur nous qui la regardions un œil hébété et elle battait des paupières.

« Où on est ici ?

— On est à la maison.

— La maison ? Chez qui ? »

Chez nous, notre maison, quoi ! Ryô et moi répondions en même temps. La scène se reproduisait quotidiennement. Nahoko se levait lourdement, s'ébouriffait les cheveux. Elle avait la nuque en sueur. Les cheveux fins de ses tempes frisottaient, formant comme des boucles.

« Tu as la marque du coussin ! » disait Ryô. Nahoko touchait ses joues. C'est vrai, j'ai des marques, disait-elle distraitement.

Tous les trois, nous allions nous regarder dans la glace. Joue contre joue, nous alignions nos visages. Les joues de Nahoko portaient la trame de la housse du coussin, Ryô et moi l'empreinte des tatamis. Des marques, des marques, tralala ! Nous menions grand tapage. Ryô qui d'ordinaire se montrait comme les collégiens de son âge peu bavard et l'air boudeur, reprenait des allures d'écolier quand Nahoko était à la maison pour les vacances d'été.

C'est sans doute pour ça qu'après son départ, nous ne savions plus comment nous comporter, un temps d'adaptation nous était nécessaire. Il suffisait d'une demi-journée pour que nous redevenions comme nous étions avant sa venue, mais dans l'intervalle, j'avais l'impression d'être tombée dans une sorte de faille.

Pour combler ce vide que laissait Nahoko, Ryô et moi faisions en sorte que nos corps se touchent. La paume de nos mains, les bras, à moins que l'un de nous deux ne passe son doigt sur la nuque de l'autre.

Une fois le vide comblé, quand nous prenions l'habitude du temps où Nahoko n'était plus avec nous, nous nous éloignions l'un de l'autre avec stupéfaction. Le corps de Ryô qui m'était si agréable, voilà qu'il devenait un corps de jeune garçon en sueur. Mon corps aussi, qui dégageait un léger parfum, redevenait un corps improbable de jeune fille dans la moiteur de l'été.

Comparée à maman, la mère de Nahoko, Masuko, me semblait beaucoup plus *maternelle*. Quand elle venait avec sa fille, elle passait deux nuits à la maison. Et le matin du troisième jour, l'air ému, elle repartait seule en agitant la main.

Je ne sais pas pourquoi, mais maman avait un drôle d'air quand elle bavardait à tort et à travers avec Masuko en buvant une tasse de thé. Au début, je ne comprenais pas pourquoi ce spectacle si courant de deux femmes en train de bavarder me semblait bizarre, mais j'en ai découvert la raison plus tard.

Comment, comment, maman bavardait plaisamment avec une femme !

Je crois que j'ai déjà dit que les femmes n'aimaient pas maman. C'était ça : jamais je n'avais vu une femme décontractée en face de maman !

« La mère de Nahoko, elle est étonnante ! » m'a dit Ryô une fois. Je n'avais aucune idée alors de la raison pour laquelle le bavardage des deux femmes me semblait aussi étrange, et je ne comprenais pas pourquoi il disait ça.

Masuko avait les joues pleines, le teint pâle. Elle est toujours en vie, et naturellement elle a vieilli, en accord avec son âge, mais elle a conservé une spontanéité qui met les gens à l'aise.

« Elle en a de la chance, Nahoko, grommelait Ryô de temps en temps.

— Comment ça ?

— Mais toi, Miyako, tu n'envies pas Nahoko ? »

A son tour, il me posait une question.

« Non, pas spécialement.

— Toi, Miyako, tu es bouchée ! »

J'étais fâchée, et je l'ai fixé d'un œil mauvais. Pourquoi étais-je bouchée ? Je ne comprenais pas. Je suis restée très longtemps sans comprendre. D'ailleurs, je suis toujours bouchée. Même maintenant, comparée à Ryô.

Chose curieuse, quand Nahoko était à côté de sa mère, elle avait toujours l'air perdue. Elle qui se comportait avec aisance quand elle était seule.

« Ta mère, est-ce que tu l'aimes ? » lui a demandé Ryô un jour.

Elle a répondu oui, mais d'un ton légèrement contrarié. Comme si ça la contrariait de répondre par l'affirmative.

« Et toi, puisque tu poses la question ? »

Ainsi interrogé par Nahoko, Ryô a plissé les yeux.

« Ben, figure-toi que bibi, y sait pas trop ce que ça veut dire, maman, tout ça. »

Depuis quand Ryô avait-il cessé de parler correctement, depuis quand avait-il pris des allures vulgaires ?

Nahoko a cru que Ryô plaisantait. Je ne sais pas trop ce que ça veut dire… On peut le dire comme ça, en effet, ça me plaît bien ! a répondu Nahoko en se passant la main dans les cheveux pour relever une mèche.

Si Ryô avait dit qu'il ne comprenait pas, ce n'était ni pour plaisanter ni par respect humain, il l'avait dit comme il le pensait, je le savais. J'avais beau être bouchée, tout de même…

Ryô n'aimait pas maman. Mais personne n'aimait maman autant que lui. C'était la même chose.

« Et toi, Miyako ?

— Moi, j'aime maman. »

Non seulement je ne ressentais pas la moindre insuffisance mais je ne regrettais pas le moins du monde cette absence d'insuffisance.

« Voilà votre goûter ! » J'ai entendu la voix de maman. J'ai faim ! a grommelé Ryô. Nahoko riait. Ou elle avait l'air impavide. Ryô s'est précipité tout droit vers maman, qu'il a bousculée dans son élan. Il n'avait plus l'âge de se comporter comme un petit garçon, ça ne lui allait pas. Il m'a semblé que j'avais vu quelque chose que je ne devais pas voir, et je me suis assise la dernière à table.

J'ai pensé que Ryô qui allait et venait librement entre l'enfance dont il faisait encore partie et la non-enfance était lâche d'une certaine manière, ou alors rusé. Il m'a jeté un coup d'œil, avant d'enfourner un bâton glacé. Tout au début de l'été, maman avait fait cuire des abricots pour en faire de la confiture dont elle avait rempli plusieurs pots de verre, le bâtonnet glacé avait un goût complexe, qui restait longtemps dans la bouche.

Nahoko a perdu l'habitude de venir coucher à la maison pendant les vacances d'été et nous nous sommes perdues de vue pendant plusieurs années. Au lycée, à l'université, dans les périodes où j'étais très occupée, je tente de me rappeler ce que je faisais pendant tout ce temps, mais je n'y parviens pas.

Je me souviens seulement de Ryô.

D'abord vaguement, puis de plus en plus nettement, ses bras et ses jambes minces. Son corps qui n'avait cessé de s'allonger. Les traces de l'adolescence dont l'odeur subsistait. Si je peux dire que dans le même temps mon propre corps s'était assoupli et refroidi, celui de Ryô n'avait cessé de s'affermir et de brûler. Pourtant, rien n'apparaissait en surface…

Au lycée, Ryô faisait partie du club d'observation météorologique. Ils étaient dans la même salle que le club d'astronomie, mais comme les deux disciplines étaient très différentes, les membres des clubs ne communiquaient pour ainsi dire pas entre eux, avait un jour raconté Ryô à papa.

Vers la même époque, Ryô et moi ne nous parlions presque pas. Je parlais avec maman, lui avec papa. Telle était l'ambiance des repas chez nous.

D'ailleurs, c'était seulement au moment du petit déjeuner les jours de congé que nous nous trouvions réunis à table tous les quatre. Est-ce pour cette raison, le petit déjeuner du dimanche était bien plus copieux qu'en semaine. Des toasts moelleux, des œufs brouillés au beurre. Les confitures que maman savait faire à merveille, pommes, prunes, agrumes, cerises, raisin, étaient sur la table, et le thé au parfum suave nous était servi brûlant. Ryô commençait par manger des carottes cuites. Puis il attaquait les épinards. Ensuite, il alignait sur du pain des tranches de bacon bien grillées et un œuf, il pliait en deux la tranche de pain avant de mordre dedans à belles dents.

Je m'étonnais toujours de l'adresse avec laquelle Ryô mangeait. Moi, je faisais tomber des miettes de pain partout et j'avalais péniblement le thé qui me brûlait la langue. La salade que je croyais avoir saisie entre mes baguettes, je finissais toujours par en laisser tomber une ou deux feuilles.

« Un nain pourrait élire domicile sous la chaise de Miyako ! Parce que c'est un endroit vraiment riche en calories ! » disait maman en riant.

Ryô n'était pas particulièrement de mauvaise humeur, mais il avait tendance à cette époque à rester la tête baissée. Se sentait-il gêné d'avoir grandi, ou bien faisait-il en sorte de ne pas regarder le monde en face ?

Je venais d'entrer à l'école des beaux-arts, quand Ryô m'a appris qu'il avait rencontré Nahoko.

« Elle a envie de te voir, tu sais. »

Il l'avait croisé à Shinjuku, où il prenait des cours dans un *juku*. Il avait remarqué une fille qui marchait en fumant une cigarette, c'était Nahoko. Il l'avait appelée, elle l'avait d'abord regardé par en dessous. Quand elle s'était aperçue que c'était Ryô, elle avait instantanément retrouvé son visage d'enfant.

« Ça alors, tu fumes maintenant !

— Eh oui. Ce n'est pas bon pour la santé, je sais, mais je ne peux pas m'en passer ! »

Elle faisait la fière. Avec son air habituel de rire et de ne pas rire. Ryô m'a dit en plaisantant qu'il ne comprenait pas pourquoi elle faisait la fière. Depuis que Ryô avait commencé à préparer les examens d'entrée à l'université, le mutisme qu'il pratiquait depuis le lycée, cette sorte de bloc dur de silence dont il s'entourait comme de l'air, avait commencé à fondre. En même temps, lui qui n'avait cessé d'éviter les face à face – ce n'était pas conscient, c'était sans doute ce que lui commandait son corps à son insu – en était venu à me parler spontanément, ainsi qu'à maman.

« Elle a changé ?

— Je ne sais pas très bien. »

J'étais étonnée de remarquer à quel point ses sourcils étaient devenus fournis. Tout ce temps pendant lequel je ne l'avais pas regardé pour de bon, ses traits s'étaient modifiés. Tandis que je considérais les lignes précises de son visage, j'éprouvais du regret. Pourquoi n'avais-je pas mieux regardé Ryô qui changeait ? J'aurais dû le regarder, l'étudier, le dessiner, ainsi aurais-je pu le fixer dans sa transformation.

Nous qui habitions dans la même maison… ai-je murmuré machinalement, et Ryô a semblé surpris. La distance qui nous séparait se creusait toujours davantage. Je crois que cet écart venait de ce que j'espérais de lui. Ryô espérait-il quelque chose de moi ? Certainement. Sinon, je ne l'aurais pas désiré de mon côté. Nos sentiments se mêlaient, se mélangeaient, s'embrouillaient, erraient dans le temps qui passait. Tout en allant au hasard, nous en étions arrivés là. Maintenant, je me contentais de regarder Ryô avec attention, silencieusement.

Au moment où nous nous sommes retrouvés à nouveau tous les trois, à l'université, j'avais quelque peu perdu de mon intérêt pour Ryô.

Quand nous décidions de nous voir ensemble, Ryô venait la plupart du temps en compagnie d'une fille.

« Pourquoi est-ce que tu amènes toujours une fille ? a demandé un jour Nahoko.

— Je n'ai pas le temps, a-t-il répondu, comme s'il ne voulait pas s'expliquer.

— Si c'est ça, je ne vois pas pourquoi tu viens. Miyako et toi, vous vous voyez tout le temps.

— On habite sous le même toit, mais ce n'est pas pour ça que je peux la voir comme je veux », a-t-il curieusement répondu. En fait, ce n'était pas curieux, Ryô avait raison. La combinaison Ryô-papa, Miyako-maman s'était déjà dénouée, en revanche, chacun faisait en sorte de ne pas effleurer les autres, nous vivions dans la même maison mais nous n'avions aucun contact. Sauf avec maman, elle seule.

Ce que je veux dire, c'est que seule maman était impossible à éviter, personne n'y arrivait. Quand elle m'appelait, mon corps s'élançait, j'étais invinciblement attirée, comme par un aimant. Si elle appelait Ryô, tout en rechignant, il accourait vers elle. C'était papa qui arrivait le plus à garder la distance, mais malgré son air nonchalant, il ne pouvait pas résister à son appel.

En contrepartie, pourrait-on dire, aussi bien Ryô que moi ou papa, nous faisions comme si nous ne voyions ni n'entendions rien, ignorant ce que faisaient les autres. Un peu comme si maman était un noyau autour duquel trois êtres plus ou moins flous gravitaient en permanence.

La fille que Ryô amenait changeait souvent. Elles étaient toutes mignonnes, sans grande personnalité, sauf une, qui s'appelait aussi *Nahoco*, mais son nom s'écrivait avec des *kanji* différents.

« Nahoco, toi, tu ne parles pas, tu cries plutôt », a déclaré Nahoko. Je me suis dit qu'elle avait trouvé l'expression juste.

Par moments, elle s'adressait à Ryô en ajoutant un suffixe honorifique. Les autres filles, celles qui étaient mignonnes et sans grande personnalité, se contentaient de dire Ryô tout court, si bien que cette façon de parler sonnait étrangement à mes oreilles.

« Quoi ? » disait Ryô. Nahoco n'ajoutait rien. Pour une adolescente, elle était particulièrement peu bavarde.

Quand Nahoco criait, c'était pour refuser. Elle disait simplement non, à voix basse, mais on avait l'impression que ce non partait de tout son corps, un non profond et grave, si bien que c'était impressionnant.

« Elle n'est pas comme les autres. »

Je n'avais pas trouvé d'autre expression, et je l'ai chuchotée à l'oreille de Ryô. Il est sorti avec elle assez longtemps. Je ne peux pas être plus précise, mais un jour, il a cessé de venir avec elle.

« Est-ce qu'il a fini par sortir avec elle pour de bon ? » a dit Nahoko. J'ai éprouvé un choc. Je n'ai pas ressenti de douleur. Mais j'ai compris que j'avais reçu une petite blessure, à mon insu, et maintenant que je m'en apercevais, elle m'irritait soudainement.

Le cri de Nahoco était beau. Depuis, je n'ai jamais entendu une telle voix. A l'idée qu'elle poussait un tel cri quand elle faisait l'amour avec Ryô, je l'enviais. De quoi l'enviais-je ? Est-ce que j'enviais Ryô qui possédait cette voix ? Ou bien Nahoco qui pouvait lancer ce cri à Ryô ?

Après l'université, je suis de nouveau restée longtemps sans revoir Nahoko. Quand elle a eu une trentaine d'années, elle s'est mariée et a eu des enfants, deux garçons.

Je l'ai revue à l'occasion de la commémoration de la mort de maman, lors du septième anniversaire de sa disparition.

« Je ne veux pas de cérémonie ! » avait tout d'abord déclaré papa. Pourtant, Takeji a organisé les choses sans se préoccuper de son avis. Il faisait semblant d'avoir oublié que papa avait juré de ne plus rien faire après la célébration des trois ans.

« La famille n'est pas bien grande » a dit Takeji distraitement. Papa, Ryô, moi, et Takeji. En fait, les gens susceptibles de se réunir, c'étaient nous quatre. La femme de Takeji se refusait à participer à quoi que ce soit.

« C'est bien pour ça que je dis que je ne veux rien faire de spécial ! » C'est Ryô qui a suggéré à papa courroucé d'inviter Nahoko et sa mère. « Comme nous avons quitté la maison tout de suite après la mort de votre mère, on pourrait organiser un repas ensemble », a suggéré Takeji qui avait arrangé une réunion pour décider de tout, et c'était la première fois que nous nous retrouvions en famille depuis le dernier Jour de l'an.

« De toute façon, j'ai déjà demandé à un prêtre de venir… a commencé Takeji sans préambule, mais papa a secoué la tête.

— On avait décidé de ne plus rien faire après la commémoration des trois ans !

— Mais non, c'est toi qui as pris cette décision tout seul ! Moi, je pense qu'il vaut mieux faire une cérémonie. »

En définitive, nous avons décliné la lecture d'un sûtra au temple, décidé d'inviter Nahoko et sa mère et de nous réunir autour d'une table dans un restaurant chinois. Le jour en question, il pleuvait. Nous nous sommes retrouvés à six pour déjeuner, en comptant Nahoko qui avait toujours la même expression indéchiffrable et sa mère Masuko qui avait maintenant les cheveux blancs.

Depuis lors, j'ai revu Nahoko très souvent. Le visage souriant de Nahoko est comme une trouée toute blanche. Un sourire lumineux, apparemment sans ombre, mais rien ne permet d'affirmer qu'il ne cache pas quelque chose. Parfois, elle vient accompagnée de Kaoru. Sans que je puisse dire depuis quand, le visage de Kaoru s'est mis à ressembler en tout point à celui de Nahoko. L'autoportrait que Kaoru avait dessiné autrefois en était-il comme la prédiction ?

LA MAISON AUJOURD'HUI

Le son de la radio que Ryô était en train d'écouter m'est parvenu.

« Ryô ! »

Le moment était venu de préparer le dîner, je l'ai appelé. Immobile, il écoutait le transistor qu'il avait mis sur la table, et il a levé la tête. Sur la table, une grande carte blanche du temps. Les prévisions météorologiques venaient de prendre fin.

« Qu'est-ce que c'est, le temps à Naha ?

— Vent du sud et du sud-ouest, force 2, beau temps, pression atmosphérique 1004 hectopascals, température 27 degrés. » Ryô avait débité tout cela d'un seul coup. Sur la carte blanche des intempéries, on voyait des références et des flèches indiquant la direction du vent. Du côté d'Okinawa, deux lignes en bas avec des flèches et un seul petit rond blanc.

« Je me demande si on aura besoin d'un parapluie demain…

— Tu vas quelque part ?

— Non, enfin, je n'ai rien de particulier… »

Ryô s'est mis à rire. Puis il a tracé les lignes de la pression atmosphérique.

« Le temps va peut-être se gâter, tu sais.

— Tu peux le deviner ?

— Oui, enfin, je tombe souvent à côté.

— Ça m'embêterait qu'il pleuve. »

Nous occupions la maison sans trop faire attention, mais en réalité elle était en mauvais état. Quand il y a eu le grand tremblement de terre, elle a bougé terriblement. L'état des portes et des volets qui déjà ne fermaient pas s'est aggravé, les poutres étaient de plus en plus de guingois.

J'ai regardé par la fenêtre, l'érable du jardin était flétri. Le vent est fort déjà, ai-je dit. C'est vrai, a répondu Ryô. On dîne ? Oui, je m'en occupe. Des spaghettis, ça te va ?

Quand nous sommes tous les deux à la maison, nos voix se font de plus en plus ténues. Le vent a grondé en frôlant les murs. Ryô a soulevé le couvercle de la marmite, on a entendu le *ting* du four à micro-ondes, puis la pièce est redevenue silencieuse. Dis, Ryô, je voudrais te dire quelque chose, ça ne t'ennuie pas ?

C'est au sujet de papa… ai-je commencé. Ryô a eu l'air étonné. Papa ? Tu m'en diras tant. Il avait parlé dans un murmure. Comme papa n'était pas en réalité le mari de maman, c'est Ryô et moi qui avons hérité de la maison à sa mort. Du vivant de maman, papa lui confiait l'argent qu'il gagnait pour vivre, mais elle mettait de côté à son nom ce qui était en trop. Ce qui fait que quand elle est morte, papa n'a pas eu un sou.

« Vous pourriez vendre la maison et partager comme bon vous semble », répétait Takeji. Nous, de notre côté, nous n'y voyions aucun inconvénient. Mais papa s'y est opposé.

« Ça alors ! Pourquoi ? » a demandé Takeji avec humeur.

Papa a répondu en riant : « Mais voyons, si j'acceptais, elle reviendrait se venger !

— Qu'est-ce que ça peut faire, puisque ce serait le nouveau propriétaire qui aurait un fantôme en face de lui ? Tu n'as rien à craindre.

— Les âmes de morts s'attachent-elles à la terre ?

— Qu'est-ce que tu racontes ? C'est bon pour les chats de s'attacher comme tu dis à la maison ou au lieu ! »

Ryô a ri lui aussi, et la discussion a été close. Maman avait toujours refusé absolument d'avoir un chat ou un chien. Jusqu'à ce qu'il entre au lycée, Ryô voulait à toute force avoir un petit être vivant, mais jamais maman n'a cédé. Je te vois venir, je sais bien que c'est moi qui m'en occuperai ! J'en ai bien assez avec vous, alors, un chat ou un chien, très peu pour moi ! Elle vibrait de colère. On parle de sourcils très hauts comme d'un critère de beauté féminine, mais dans ces moments, maman était exactement le portrait d'une beauté chinoise.

Il y a quelque temps, papa était venu me demander mon avis, parce qu'il pensait entrer dans une maison de retraite médicalisée.

Tu as des problèmes de santé ? ai-je demandé avec étonnement. Non, ce n'est pas ça... Mais j'ai peur qu'il ne soit trop tard quand la nécessité s'en fera sentir.

Je me suis dit que ce n'étaient pas là des propos qui lui ressemblaient. Faire des projets, penser à l'avenir, ces mots n'existent pas dans notre dictionnaire familial, tu ne crois pas ?

Evidemment, maman était comme ça, il faut dire. Mais moi, je suis d'un naturel plutôt anxieux, figure-toi. Tu ne le savais pas ? Papa avait pris un ton légèrement embarrassé.

« Si je veux ton avis, c'est parce que je me demande si on ne pourrait pas vivre de nouveau ensemble, nous deux et papa. »

Ryô a eu l'air surpris.

« Papa serait malade ? » Il avait eu la même réaction que moi. Non, ce n'est pas ça... Je lui ai dit la raison que papa avait invoquée, et Ryô a réfléchi pendant un moment. Enfin, il a hoché la tête et déclaré d'une petite voix :

« Si papa n'y voit pas d'inconvénient...

— Tu crois qu'il pourrait ne pas vouloir ?

— Je ne sais pas si c'est parce qu'il n'aimait pas vivre avec nous ou si c'est à cause de cette maison, en tout cas, moi, autrefois, j'avais parfois l'impression qu'il avait envie de partir, je ne peux pas expliquer pourquoi, mais je le sentais comme ça… »

J'étais un peu dépitée. Cette idée ne m'avait jamais effleurée. Moi qui me préoccupais sans cesse de ce que pouvait ressentir maman…

Pour la première fois depuis longtemps, j'ai invité papa à la maison et nous nous sommes trouvés assis à la même table tous les trois.

Papa refusait d'habiter avec nous.

« Non, c'est fini, je n'ai plus envie d'habiter ici. »

Il avait parlé avec désinvolture, mais il ne nous a pas laissés insister.

Je lui ai demandé s'il n'avait pas quelqu'un, mais il a secoué la tête.

« Ce serait bien pourtant », a-t-il ajouté en baissant la tête. Puis il a continué en me demandant : « Et toi au fait, Miyako, tu n'as pas un ami ? » Je me suis contentée de hausser les épaules et papa a fermé les yeux en poussant un long soupir. Maman avait souvent ce geste, hein ? Je me demande si Nahoko n'avait pas rapporté ça d'Amérique. Maman aimait l'Amérique, la France aussi, tous ces pays en quatre syllabes [2], et elle l'a tout de suite imitée. L'Amérique. La France. Taiwan. Le Vietnam. Le Brésil. L'Egypte. L'Angleterre. Papa énumérait les noms de pays comme s'il chantait.

Hausser les épaules. Est-ce que vraiment Nahoko avait ce geste ? Je me rappelais avoir cherché ardemment les façons des enfants d'Amérique chez Nahoko qui en revenait, mais elle était exactement comme les enfants nés et élevés au Japon. Simplement, quand elle employait des mots étrangers, elle devenait brusquement américaine. Jusqu'à sa voix qui était différente.

Papa se raclait la gorge de temps en temps. Il a fait tomber du coin de sa bouche des miettes de nourriture.

« Vous voyez, je suis un vieux, moi aussi. Vous avez beau le savoir, vous ne pouvez rien contre ça. »

Mais je ne le trouvais pas du tout pitoyable. Il était semblable à lui-même, et cela me mettait à l'aise.

« Si maman était là, elle se fâcherait sûrement », a dit papa en fermant de nouveau les yeux avec un soupir de tendresse. Depuis quelque temps, il me vient de plus en plus comme ça des images de maman. Peut-être qu'elle m'appelle auprès d'elle. Mais moi, je n'ai pas encore envie d'aller la rejoindre. Ou plutôt, je voudrais aller dans un paradis qui n'est pas celui où elle est. Vous comprenez ?

Ryô et moi n'avons rien trouvé à dire. Papa s'est tu. Le repas s'est achevé tranquillement, Ryô a fini le vin. Sur les lèvres desséchées de papa, la couleur rouge sombre du vin ressortait nettement.

A partir de ce moment, papa s'est mis à parler souvent du passé.

« Ça me rappelle que maman aimait évoquer le passé.

— Ah bon ? Je ne m'en souviens plus. »

Papa a hoché la tête. C'était vrai. Je n'arrivais pas à me souvenir du visage qu'avait papa quand maman racontait des histoires du passé.

Quand je suis né, il y avait encore plusieurs jeunes commis à la fabrique, a commencé papa.

On avait loué un terrain à côté où on avait construit une maison pour loger les apprentis. Je l'avais complètement oublié mais je m'en suis souvenu par hasard l'autre jour. Au coin, il y avait un petit sanctuaire dédié à Inari, et parmi ces jeunes, il y en avait d'assez sérieux pour s'incliner ou joindre les mains en passant devant, mais pour la plupart, ils l'arrosaient quand ils rentraient ivres tard le soir !

Comme grand-mère n'aimait pas beaucoup faire la cuisine, elle redoutait d'avoir à préparer les repas pour les jeunes employés. Le soir, elle arrivait quand même à faire cuire ou griller du poisson, mais à midi, elle allait toujours acheter des croquettes de pommes de terre chez le boucher. Il y avait bien du poulet ou du porc frit, mais elle achetait toujours des croquettes de pommes de terre. Elles sentaient la friture, mais les jeunes commis se régalaient et en mangeaient plusieurs chacun.

Tiens, au fait, est-ce que vous saviez que grand-père allait jouer, mais oui, jouer de l'argent dans la journée ?

Il fallait prendre son tour. Deux fois, quand j'étais petit, il m'a emmené avec lui. C'était à Asakusa ou à Ueno. Dans les deux cas, ça se passait dans des espèces de baraques au fond de ruelles ; à l'entrée, il y avait un homme maigre et pâle qui nous précédait dans le couloir, apparemment c'était toujours dans un endroit différent, mais je me rappelle très bien que les deux fois où j'y suis allé, c'est le même homme qui nous a guidés. On avait l'impression qu'il s'était poudré tant sa face était blanche. D'ailleurs, je me demande s'il ne se maquillait pas, parce qu'il avait la bouche curieusement rouge.

La salle faisait environ dix tatamis, les joueurs n'avaient pas l'air de malfrats, mais c'était sûrement un yakuza qui menait le jeu. Plusieurs groupes jouaient aux cartes et grand-père s'est mêlé sans hésiter à l'un d'eux. il a ramassé ses cartes d'un geste décidé, en habitué. A part le bruit des cartes, la salle était silencieuse.

Si j'allais me mettre derrière un homme que je ne connaissais pas pour regarder les cartes qu'il avait en main, on me rappelait vivement à l'ordre. Mais écoute, je ne dis pas quelles cartes tu as ! Je me faisais encore gronder en essayant de me justifier. Il suffit qu'on observe le mouvement de tes yeux, mon bonhomme, pour deviner le jeu de l'adversaire. Un homme soigné en complet veston de lin blanc m'a tout expliqué d'un ton agressif. Il a sorti de son jeu une carte qui représentait un cerf, il l'a jetée pour s'emparer d'une autre.

On ne restait pas plus d'une heure. Après, les deux fois, je me suis fait régaler de tempuras. Ce n'était pas dans le restaurant qui se trouvait près de la maison, on préparait les beignets dans la pièce aux tatamis. Et quand on allait ailleurs, c'était une petite bonne qui nous accueillait.

Venez, mon petit monsieur, on va aller ensemble au grand magasin. Sans attendre, elle me prenait la main et nous allions à pied jusqu'à Matsuzakaya. C'est ce qui fait que je pense que la petite salle se trouvait du côté d'Okachimachi. Grand-père disparaissait tout de suite dans le fond de la maison. Et j'entendais une voix de femme, une voix enjôleuse.

La petite bonne disait « grand magazine ». Après avoir regardé sans rien acheter le rayon des jouets, on allait au rayon des vêtements et des chaussures pour dames, je marchais derrière elle tandis qu'elle n'en finissait pas de regarder les articles. Quand on avait fait tout le magasin, on se retrouvait dehors et on prenait le tramway. Elle adorait ça, elle se dévissait le cou pour regarder par la fenêtre. Moi, je me déchaussais et je m'agenouillais sur la banquette pour regarder. Nous allions jusqu'au terminus, puis nous faisions le trajet en sens inverse.

Quand grand-père et moi rentrions à la fabrique, c'était peu avant le dîner. Où es-tu allé ? demandait grand-mère. Elle n'élevait pas la voix, elle était douce, mais j'avais l'impression d'être réprimandé. Je n'étais encore qu'un enfant, et je ne saisissais pas bien le sens de *parier* ou d'*entretenir une maîtresse*. Je répondais en choisissant des lieux qui ne risquaient pas de la préoccuper. Quand j'avais dit tempuras et grand magasin, grand-mère se contentait d'approuver.

C'est drôle de dire ça, mais j'ai bien l'impression que le sang de grand-père coule intensément dans les veines de maman. Quant à moi, pas du tout. Absolument pas. Papa, eh bien, papa… et il fait craquer ses articulations. Les gens autrefois, ils ne racontaient pas beaucoup de vieilles histoires. Ces derniers temps, moi, je me rappelle tout le temps la guerre, ou après la guerre. Je ne voudrais pas en parler, mais je ne peux pas m'empêcher de le faire. Je regrette que maman ne soit plus là, oui, parce qu'alors… Mais seulement dans ces moments-là.

Papa a été hospitalisé tout de suite après nous avoir signifié son refus d'habiter avec nous, peu avant l'été 2012.

Il a eu une attaque, heureusement pas très grave.

Le téléphone a sonné un peu après huit heures du matin. Mon cœur s'est mis à battre, c'était si tôt le matin. M'attendant à une mauvaise nouvelle, j'ai décroché, c'était papa.

« Une ambulance, appelle une ambulance. »

Il parlait avec lenteur. Il ne prononçait pas les mots clairement, on aurait cru entendre bredouiller un enfant. Mon doigt tremblait quand j'ai composé le 119. J'ai appelé un taxi et avec Ryô, je suis partie précipitamment pour l'immeuble où habitait papa. Nous sommes arrivés en même temps que l'ambulance. Je me suis aperçue que j'avais oublié la clé de l'appartement. Je ne savais plus trop ce que je faisais. Nous avons pris l'ascenseur avec les infirmiers jusqu'au cinquième. La porte était ouverte, je me suis précipitée, papa était assis dans l'entrée.

Au moment où j'allais dire « tu nous as fait peur », l'infirmier m'a poussée doucement, et nous avons pris en même temps la main de papa. Elle était toute molle. Est-ce que vous pouvez serrer ? Votre nom ? Quel jour sommes-nous ? Est-ce que vous pouvez remuer les jambes ? L'une après l'autre, les questions surgissaient.

Papa ne répondait rien. Ce n'était pas seulement sa main qui pendait mollement, ses jambes aussi étaient sans réaction. Je me suis aperçue qu'il tenait parce qu'il était appuyé contre le mur. On l'a étendu sur un brancard et descendu jusqu'en bas.

« La clé », ai-je bredouillé, Ryô a sorti de sa poche un porte-clés et il a refermé la porte. Moi aussi, ma clé était accrochée à mon porte-clés à côté de celle de la maison. Je m'en suis enfin souvenue.

Nous sommes montés dans l'ambulance. Comme il était encore conscient lors de l'intervention, l'anesthésie n'a laissé que peu de séquelles. Au bout de deux heures environ, il était déjà possible de le voir. Il est resté un moment en soins intensifs, puis il a été dirigé vers le service concerné.

« Je voudrais rentrer chez moi », répétait papa. Il avait encore de la difficulté à parler.

« Ecoute, tu es tombé tout de même ! » lui a dit Ryô, mais papa ne voulait pas en démordre.

« Mais c'est pas gâve !

— Tu vois bien que tu n'arrives pas à parler normalement.

— C'est pas gâve ! »

Papa nous regardait droit dans les yeux en répétant la même chose. Dès le lendemain, la rééducation a commencé et il est sorti de l'hôpital au bout de deux semaines. Il avait retrouvé une élocution à peu près normale et il pouvait de nouveau écrire. Nous l'avons forcé à venir à la maison, malgré ses protestations. Quand il a vu son futon étalé, il n'a plus rien dit. A le voir étendu sans force, il m'a donné l'impression d'être malade bien plus que quand il était hospitalisé.

Sans que rien ne soit dit clairement, je pensais que papa allait vivre avec nous dans cette maison. Mais il n'en est pas allé ainsi.

« C’est que je ne suis pas votre père ! » a-t-il dit pour s’expliquer.

Je me suis fâchée.

« Tu n’es peut-être pas notre père, mais tu es notre papa, non ?

— Mais oui. D’ailleurs, ni Miyako ni moi, nous n’avons besoin de nous occuper de notre vrai père », a dit Ryô.

Papa a baissé la tête.

« Mais rien n’est impossible.

— Comment ça, rien n’est impossible ?

— Eh bien, ce que je veux dire, c’est qu’il peut arriver que vous ayez à vous occuper de votre vrai père, voilà.

— Impossible ! »

Je sentais ma colère monter. Pourquoi papa se montrait-il si obstiné ? Je n’y comprenais rien.

« Je voudrais vous demander de me trouver une maison de retraite, a déclaré papa.

— Qu’est-ce que tu feras si tu te retrouves à côté d’une bonne femme avec qui tu ne t’entends pas ?

— Je ferai comme si elle n’existe pas.

— Ça ne finira pas plutôt par des disputes ?

— Je ne suis pas comme maman, moi ! »

Il disait juste. Où qu’il aille, papa était capable de s’adapter. Ce n’est pas pour rien qu’il avait vécu auprès de maman. Car il ne devait pas exister beaucoup de personnalités aussi extrêmes que maman.

« Dis, quand maman n'a plus été là, qu'est-ce que ça t'a fait ? »

Une envie soudaine de lui poser la question m'est venue.

« Eh bien... » Papa est resté un moment à réfléchir.

« Tout a perdu de l'intérêt.

— Si je comprends bien, tu l'aimais.

— Aimer une personne et trouver de l'intérêt ou du plaisir à vivre avec elle sont deux choses légèrement différentes.

— Tu ne l'aimais pas, alors ?

— Ce n'est pas ça. Je ne pourrais pas vivre avec une femme que je n'aimerais pas.

— Comment en es-tu venu à vivre avec elle ? »

C'était une question que je m'étais souvent posée. Mais jusqu'à la fin, je n'avais pas pu le demander à maman.

« Je n'ai pas pu faire autrement, non, vraiment. »

Il avait répondu sans la moindre hésitation.

Papa est retourné dans son appartement six mois environ après sa sortie de l'hôpital. C'était le moment le plus froid de l'année. Tu pourrais remettre ça au printemps. Ryô et moi avons tenté de le retenir, mais il a refusé avec douceur.

« A votre avis, en quelle saison les gens meurent le plus ? a demandé papa.

— Où est le rapport ?

— Vous verrez bien. Alors, la réponse ?

— En hiver ? »

Ryô secoue la tête. En automne plutôt ? A mon tour, je me mets à réfléchir.

« Non, c'est au printemps, figurez-vous.

— C'est pas possible !

— Le printemps est une saison douloureuse. »

Papa nous a expliqué qu'il voulait être de retour chez lui avant l'arrivée du printemps.

Bien plus facilement que nous quand nous étions revenus dans cette maison, papa est retourné vivre chez lui. Avant de s'en aller, il a laissé ouverte la porte de la chambre qui restait d'habitude fermée, et il a longuement regardé l'horloge.

« Elle marche !

— Evidemment, puisque tu nous as demandé de nous en occuper », a dit Ryô.

Papa a plissé les yeux en disant :

« Quels gentils enfants vous faites !

— C'est maintenant que tu t'en aperçois ? »

Je voulais me moquer de lui, mais l'expression « gentils enfants » m'avait pincé le cœur. A l'époque où Ryô et moi étions en âge d'être appelés de cette façon, il ne régnait pas à la maison une atmosphère propice à ce genre de louange. Nous étions peut-être les « gentils enfants » de maman, mais nous ne l'étions pas pour le reste de la famille. Même si je trouvais ça détestable, je ne le regrettais pas. Mais le ton sur lequel papa l'avait dit, sans que je puisse me l'expliquer, m'avait piquée au vif.

« Dis, est-ce que tu comptes voir Takeji bientôt ?

— Oh oui, sûrement.

— Tu pourrais le voir à la maison. On n'aura qu'à dîner ensemble.

— Je vais lui proposer. »

J'ai cherché la main de Ryô. Cette main tout près, cette main osseuse, je l'ai serrée avec force. Ryô avait l'air de ne pas comprendre pourquoi. Mais il ne m'a pas repoussée. Il a répondu par une légère pression. Un geste ni chaleureux ni froid. Papa a fait semblant de ne rien remarquer.

Depuis que papa était retourné chez lui, j'allais le voir environ deux fois par mois. Comme il y avait longtemps qu'il vivait seul, je n'avais pas besoin de m'occuper des repas ou du ménage. J'achetais un repas froid censé lui plaire, mais en fait c'était pour lui tenir compagnie que j'y allais.

Il ne me racontait presque rien. Mais c'est tout naturellement qu'il en est venu à parler du passé.

Si tu racontais ta vie? Il m'arrivait de lui suggérer d'écrire le récit de sa vie. Papa a reniflé. Qu'est-ce que tu me chantes, Miyako, tu dis ça pour de bon ?

A moitié pour de bon, mais raconter l'histoire de sa vie, c'est une drôle d'expression, non ? Si maman était là, elle pousserait les hauts cris.

Papa a ri. Puis il a recommencé à parler du passé.

Tu sais qu'il y a eu un bombardement ? Celui du 10 mars. A ce moment-là, maman et moi avions été évacués, mais grand-père et grand-mère étaient restés à Hongô. Bien entendu, le magasin a brûlé, les servantes et les jeunes commis étaient presque tous partis. Un seul commis, le petit Shige, était resté, et tous les trois, il paraît qu'ils ont fui jusqu'à Shinobazu no Ike.

Quand ils sont revenus le lendemain, le coffre-fort était là au milieu des cendres. Pendant cinq jours, ils ont dormi tous les trois au milieu des décombres. Quand le coffre a été refroidi, ils l'ont ouvert. Figurez-vous que le code était composé des chiffres du jour de ma naissance, du jour de la naissance de maman et du jour de la naissance de grand-mère. Grand-mère m'avait recommandé de mémoriser le code, pour le cas où il faudrait l'ouvrir. Le coffre actuel a un code différent, je crois, mais…

L'argent qui se trouvait dedans n'avait pas brûlé, et grand-père a tout emporté avec le petit Shige jusqu'à Kyôto. C'est après la guerre que la pénurie s'est installée, à ce moment-là le coût de la vie était encore bas, grand-père a acheté tout ce qu'il pouvait. Il avait vraiment le sens des affaires ! Moi, je n'aurais jamais été capable d'agir comme lui !

Jusqu'à la fin de la guerre, il a peu à peu écoulé tout ce qu'il avait acheté et il a fait l'acquisition d'une grande maison à Gunma. Le terrain faisait au moins trois cents *tsubo*[3], mais comme il l'a vendue dès que maman et moi sommes revenus, je n'y suis jamais allé. Aux dires de Shigedon, il y avait des paons dans le jardin, mais je me demande si c'est vrai, parce que tout de même, c'était la guerre ! Je pense qu'il s'est moqué de moi. Mais maman y a toujours cru. C'est vraiment un oiseau qui va bien à maman, vous ne trouvez pas ? Un paon !

Avec l'argent de la vente de la maison de Gunma, il a acheté le terrain de la fabrique de papier qui était une location au départ. Il a fait construire le même bâtiment qu'avant la guerre, avec en bas le magasin, en haut l'habitation. Comme il ne s'était endetté ni pour acheter le terrain ni pour faire construire la maison, il a pu mener à bien son commerce dans le chaos de l'après-guerre.

Seulement, ça n'a pas été plus loin. Avec l'inflation, plus question de faire des économies, et tout ce qu'il avait accumulé s'est évanoui. Ensuite, si la fabrique a plus ou moins périclité, je pense que c'est parce qu'il a trop confié ses affaires à des proches. Et moi, ça me répugnait tellement que j'ai pris la fuite. En définitive, maman m'a rattrapé mais…

Tu dis que maman a mis la main sur toi, mais tu es rentré de ton plein gré, non ? Tu es revenu vers elle, non ? Ainsi interrogé, papa a acquiescé d'une manière ambiguë. Oui, c'est vrai, mais ce genre de choses, ça se décide en fonction des circonstances, ce n'est pas seulement une question de volonté, comment dire…

Evidemment, je n'aurais pas fait quelque chose que je ne voulais pas.

Tandis qu'il me faisait cette réponse, de mon côté, je réfléchissais.

Les circonstances. Si on pouvait ainsi régler la question, comme ce serait simple ! Mais même si on avait fait des choses plus ou moins douteuses, si on n'avait mis personne dans l'embarras, si personne ne le savait, était-il nécessaire de se poser des questions, fallait-il se tourmenter ?

Mais je me demandais si on ne trouvait pas une sorte de jouissance à se tourmenter. Exactement comme quand on arrache plusieurs fois la croûte d'une égratignure qui commençait à se former, et qu'on prend plaisir à faire durer le mal…

UN RÊVE

Quand le rêve commence, on a beau savoir qu'on n'est pas dans une situation réelle, la réalité finit toujours par s'en mêler, sans qu'on puisse dire à quel moment.

C'est toujours le cas quand je rêve de maman.

Miyako ! J'entends sa voix qui m'appelle. La voix de maman était un composé de sons graves et de sons aigus, et cette voix que j'entendais me semblait légèrement plus égale que dans la réalité, mais je ne suis pas sûre de ne pas me tromper car il y avait déjà longtemps que je n'avais plus l'occasion de l'entendre, cette voix qui était la sienne quand elle était de ce monde.

A partir de l'extrémité des doigts, la silhouette m'apparaît de plus en plus nettement. Ce qui n'était jusque-là que la voix, comme s'ils émergeaient de l'horizon embrumé, ses doigts, ses bras, ses épaules, son cou, ses cheveux apparaissent.

Au début, maman est toujours de dos.

Comme je ne suis pas habituée à ses longs cheveux, je ne comprends pas tout de suite que c'est elle. Elle lève les bras avec grâce, prend dans sa main la chevelure qui ondule dans son dos et l'enroule doucement autour de son cou, en une torsade. Les mèches qui effleuraient la nuque se retrouvent captives et s'agitent. Je regarde pour savoir si le vent souffle, mais mon champ visuel est encore entouré d'un voile laiteux.

Maman se retourne. Un rayon de soleil brille soudain, et le visage de maman disparaît dans le contre-jour. Elle qui s'était tournée vers moi !

Maman ! Je l'appelle, bien que je ne sache pas qui se trouve devant moi puisque le visage reste invisible, mais j'ai la certitude que c'est elle.

« Qu'y a-t-il ? » Cette voix, c'est bien celle de maman. Pourtant, je ressens un léger malaise. Non parce qu'elle est égale, mais parce que s'y mêle un timbre enfantin.

« Qui est là ? » demande maman. La lumière s'amenuise, la structure du visage apparaît.

C'est le visage d'un enfant. La voix qui disait mon nom tout à l'heure, voilà que c'était maman à une époque où elle ne m'avait pas encore mise au monde. Je comprends alors que c'est un rêve, en même temps, je suis rassurée.

Maman se tient à côté de moi. Je ne sais pas depuis quand. Nous avons la même taille. Si bien que je me retourne pour m'assurer que c'est bien mon corps. Les hanches, les pieds, les bras sont plus minces et moins longs. Moi aussi, j'ai repris la forme de mon corps quand j'étais enfant.

Je m'émerveille de la beauté des cheveux de maman petite fille.

« Tu t'es fait pousser les cheveux ?

— Ils ont toujours été longs. »

Maman a répondu d'un ton vague. Le duvet de son menton brille. Ses lèvres s'entrouvrent, la lèvre inférieure gonflée s'avance. C'est toujours ainsi quand elle va dire quelque chose.

« Tu ne m'as pas encore dit ton nom, dit maman. Tu m'as appelée pourtant ? » Elle a une mine évasive. « Est-ce que par hasard tu serais une amie précieuse ? Et moi, j'aurais oublié ton nom ? »

J'ai failli rire en entendant le mot amie. Comme dans un vieux roman à l'eau de rose. Maman s'est tournée. Sa jupe s'est soulevée. C'est l'attitude d'une fillette qui sait qu'elle est jolie. J'essaie d'en faire autant et je virevolte. Mais je trébuche et je me retrouve sur un genou. Un instant, j'éprouve une sorte de haine pour maman qui est pleine d'assurance, alors qu'elle se présente sous la forme d'un enfant.

« Vite, il faut fuir ! » chuchote maman. Au loin, on entend un bruit déchirer l'air, des sirènes hurlent.

« L'alerte a été levée tout à l'heure, mais enfin, viens donc ! » Elle me prend par la main et m'entraîne en toute hâte. Les B29 qui m'avaient toujours semblé de la grosseur d'une libellule se rapprochent en montrant leur ventre. Les bombes sont lâchées les unes après les autres, des flammes s'élèvent. Je ne vois plus maman, estompée par la fumée. Seule sa main me guide. Tout est transformé en une mer de feu.

« J'avais été évacuée, je n'ai jamais vu un bombardement de cette envergure ! Enfin ! » a dit maman. Des fenêtres du premier étage de la fabrique des étincelles voltigent. Le ciel danse dans le feu, que le vent enveloppe. Maman et moi savons que tout va bientôt s'écrouler sous les flammes. Nous savons aussi que ceux qui ont fui vers la rivière ne seront pas tous sauvés.

Au loin se dresse une colonne de feu. Plus haut, une tornade de fumée noire se déploie, comme si ce n'était pas suffisant, et n'en finit pas de monter toujours plus haut dans le ciel.

« Ma mère est morte aujourd'hui. Elle a dû beaucoup souffrir.

— Elle est morte ? »

De surprise, je répète ce qu'elle a dit. Car enfin, la mère de maman, c'est ma grand-mère, et elle a vécu même après que je suis devenue adulte. Maman, pourquoi dis-tu ça ?

Les flammes sont toutes proches mais je ne sens pas leur chaleur. Parce que c'est un rêve, me dis-je, pour me donner une explication. Comme c'est un rêve, maman peut dire ce qu'elle veut, je ne dois pas m'y attacher.

« Ma mère habitait à Okachimachi, tu sais. Pas loin du magasin. C'est pour ça que papa et moi, nous sommes liés par le sang, mais nous ne sommes pas de la même mère, vois-tu », dit maman, qui a sa forme de petite fille. Le hurlement des sirènes, le grondement des B29, les cris, les sirènes des voitures de pompiers, tout cesse brusquement. On n'entend plus aucun bruit. Seule parvient à mon oreille la voix de maman, une voix d'enfant.

« Une fois par mois, j'allais voir ma mère. Elle était très jolie. »

Il s'agit de la vraie mère de maman. Oui, quand on allait dans certaine maison, une petite bonne nous accueillait et elle emmenait papa aux magasins. La petite bonne disait « grand magazine ». C'était sûrement à Okachimachi… Au fait, papa n'avait-il pas raconté ça l'autre jour ? Qu'il allait avec grand-père chez sa maîtresse.

C'était sûrement la mère de maman. Papa qui n'était alors qu'un petit garçon l'avait-il compris ?

Une autre fois, maman était vêtue de blanc. Elle s'était coiffée avec une raie au milieu et ses cheveux étaient strictement noués. Ses joues dégagées brillaient d'une blancheur immaculée, et j'ai appuyé les doigts dessus. Mon index et le majeur ont laissé leur empreinte sur les joues de maman.

« Arrête ! » Maman avait beau protester, je ne cessais pas.

Lis-moi cette lettre, s'il te plaît, dit maman petite fille en me tendant un feuillet. C'est du papier japonais, avec un motif en couleur, des oiseaux. Je déplie la lettre, le papier crisse. Je me doute que j'ai de nouveau pénétré dans un rêve. Je ne veux pas rêver de maman. Non, c'est faux, je veux la voir en rêve.

La lettre contient le dessin d'une poupée. La poupée nue représente exactement maman quand elle était petite fille, les pieds et les bras sont anormalement tordus. C'est une position impossible à prendre pour un être humain.

« Ça doit te faire mal ! dis-je, ce qui fait rire maman.

— Oui, bien sûr. Tu sais, je connais cette douleur. »

Je m'amuse encore une fois à appuyer les doigts sur les joues de maman. Arrête. Elle cherche à se dégager. La robe blanche de maman qui s'échappe flotte autour de moi comme la dernière image que je garde d'elle. Les bombardiers volent au loin. Je n'entends aucun bruit. Je sens une odeur agréable. C'est un rêve pourtant. C'est l'odeur du gratin que maman est en train de cuisiner.

« Maman ! » Elle porte un tablier, se penche pour me serrer dans ses bras.

Je demande : « Où est Ryô ? » Pourquoi donc n'apparaît-il jamais dans mes rêves ?

« Je ne veux pas que tu le rencontres, écoute, enfin ! »

Maman sourit. Mais son visage souriant se transforme, et elle me lance un regard déplaisant. Maman sait. Maman savait tout. Mais c'est un rêve. Comment se fier aux rêves ? Maman était-elle vraiment au courant ?

« Naturellement ! » dit maman, et elle s'étire. Des motifs que Ryô et moi avons dessinés sur les murs de la chambre surgissent l'un après l'autre des animaux inconnus. Une dizaine d'oiseaux se mettent à voler dans la chambre. Leurs ailes grises s'agitent et cognent contre les murs. Plusieurs félins aux griffes puissantes viennent me déchirer. Je voudrais qu'ils me déchirent vite. Alors sans doute, Ryô mettra en terre mon corps déchiqueté. Pourquoi Ryô ne vient-il pas ?

« Ryô ne viendra pas, tu sais ! »

Maman, maman petite fille fixe son regard sur moi.

« Ils doivent venir s'installer le 10 mars. Encore trois jours, et tout le monde se retrouvera ici ! » a dit maman, en tirant violemment sur le côté droit de sa frange.

« L'évacuation, quelle horreur ! a repris maman en avançant la lèvre inférieure. Tout le monde était méchant avec moi. Parce que je n'étais pas comme les autres. Parce que j'étais une enfant de la ville. Mais toi, Miyako, tu es mon amie, pas vrai ? On a fini par devenir vraiment proches, toutes les deux. »

Le 10 mars, les parents de maman et Shigedon, autrement dit grand-père et grand-mère ainsi que le dernier commis resté à la boutique, devaient venir rejoindre maman à Takasaki où elle avait été évacuée avant les autres. Mais dans la nuit du 9 au 10 mars 1945, Tôkyô a été bombardé. La partie de Hongô où se trouvait le magasin, et toutes les rues derrière, tout a brûlé. Mais une grande partie de l'université impériale, pourtant juste à côté, a été épargnée.

« L'église non plus n'a pas été incendiée. »

Elle parlait de l'église protestante de Kasuga. Je déteste les histoires du passé, disait toujours maman. C'est pour ça que je sais. Il y avait en effet une église à cet endroit de Kasuga où se trouvait la fabrique de papier, qu'on découvrait du côté gauche en marchant non pas en direction d'Ueno Hirokoji, mais vers l'université.

« J'en ai assez d'entendre parler des gens qui sont morts pendant la guerre ! ai-je lancé un jour à maman. Tout le monde finit par mourir. Je ne pense pas que ce soit quelque chose de particulier. »

Quand maman se mettait à parler de la guerre, je me fâchais. Si on me disait que la guerre avait eu lieu, je ne trouvais rien à répondre. Quand je me disputais avec maman pour une raison ou une autre, cela finissait toujours par la guerre. Miyako, toi et les gens de ton âge, vous avez de la chance. Que pouvais-je répondre quand on me jetait ça à la figure ?

Maman a éclaté. Elle m'a giflée. Quel culot ! Toi qui ne sais pas ce que c'est que mourir ! Elle criait. C'est la seule fois où je l'ai entendue crier.

C'est vrai, je ne sais pas ce que c'est. Mais toi non plus, maman, tu ne sais pas. Puisqu'il ne t'est jamais arrivé de mourir.

Mais j'ai perdu ma mère. Toi, Miyako, tu as ta mère. Tu peux t'estimer heureuse.

C'était un rêve, mais je me suis souvenue des paroles de maman à ce moment-là. J'ai senti la colère monter. On n'est pas forcément heureux sous prétexte qu'on a sa mère en vie. On est heureux si on entretient avec sa mère des rapports dignes de ce nom. Jamais, maman, tu ne m'as regardée pour de bon. Tu donnais l'impression de me regarder, mais en réalité, tu ne me voyais pas. Ryô, lui, lui seul me regardait. Et moi aussi, je le regardais.

« On m'a abîmé mon cartable ! » dit maman, maman petite fille, avec un visage triste et puéril.

« Regarde », dit maman, en me montrant le cartable. Il était en cuir, d'un beau rouge vif.

« La guerre avait commencé, la pénurie s'installait. Papa me l'a acheté quand il est allé en Chine. Mais on me l'a tout abîmé ! »

Maman pleurnichait. Elle pleurait comme une enfant. Tout le monde est méchant avec moi. La maîtresse fait comme si elle ne voyait rien. Les garçons sont brutaux. Vivement le 10 mars, que tout le monde arrive !

Le 10 mars, personne ne vint. Après avoir protégé pendant cinq jours le coffre-fort du magasin qui n'avait pas brûlé, les parents de maman ainsi que le petit Shige ont marché jusqu'à Itabashi où de lointains parents avaient leur maison. La grande maison achetée avec l'argent gagné jusqu'à la fin de la guerre n'a finalement jamais été habitée. Papa était à Karuizawa, avec les élèves de son école qu'on avait évacués tous ensemble.

« Moi, j'étais toute seule. J'avais peur. J'étais morte de tristesse. »

Maman pleurait. L'enfant que j'étais dans mon rêve tenait les mains de maman, et ensemble, nous versions des larmes. Maman parce qu'elle était à plaindre. Moi parce que je lui en voulais. Maman ne pleurait pas pour la même raison que moi, mais nos voix étaient à l'unisson. Tout le monde dit que j'ai exactement la même voix que maman.

Je veux absolument devenir son amie, me disais-je.

Encore ce rêve. Je rêve de maman. Je sais que c'est elle, mais comme si j'étais envoûtée par une fille pleine de charme à peine rencontrée, maman m'ensorcelait chaque fois qu'elle m'apparaissait.

Je courais derrière maman qui gravissait sans peine une côte. Attends-moi ! Maman s'est retournée. Je levais la tête vers elle, elle a ri. Si tu me rejoins, je te donnerai quelque chose. Elle s'est arrêtée pour m'attendre. Quand je suis arrivée si près d'elle que je pouvais sentir la chaleur de son corps, elle a doucement desserré les doigts de sa main aussi fermée qu'un bourgeon et elle m'a montré une petite masse blanche.

« Qu'est-ce que c'est ?

— Regarde ! » Au même moment, la petite masse blanche a émis de la lumière, et bientôt un éclair a jailli.

« Comme c'est joli !

— Bien sûr, Takasaki est une zone de production de foudre ! »

L'expression, qui était bizarre, m'a fait rire. Maman aussi a ri. L'éclair qui était au début une miniature emplissait à présent l'horizon. Par intermittence on entendait résonner le tonnerre. La course des éclairs était par moments traversée par une chose qui courait sur le côté.

« L'éclair s'est allongé pour se reposer ! » a dit maman en pointant le doigt. C'est joli ! Que c'est joli ! Toutes les deux, nous n'en finissions pas de nous exclamer. Maman a saisi ma main et l'a serrée. Elle a posé la tête sur mon épaule. Elle était brûlante. Son souffle était humide. A l'idée que cette fillette allait me mettre au monde ainsi que Ryô, je me suis sentie étrangement troublée. J'éprouvais de la tendresse pour maman.

« S'il te plaît, Miyako, ne te prends pas de haine pour moi », a chuchoté maman.

Comment aurais-je pu la détester ? Pourquoi les enfants aiment-ils leur mère ? Quelle que soit sa mère, l'enfant aime tout d'elle. Devenue adulte, capable avec objectivité de voir la personne qu'elle était avec ses insuffisances, consciente de ses défauts et de ce qui lui manquait, j'aimais maman, inconditionnellement.

« Moi, te détester ? Jamais. Ce n'est pourtant pas l'envie qui m'en manque ! » En entendant ma réponse, maman s'est mise à rire.

« Ma petite Miyako ! »

Elle a dit mon nom, j'étais si heureuse que je tremblais. La voix pleine de tendresse de maman allait toujours à papa, à Takeji, à Ryô, toujours à des hommes, jamais à moi. Cette fois, dans mon rêve, maman m'appelait d'une voix tendre, une voix que je ne lui avais jamais connue.

J'ai effleuré sa poitrine. Ses petits seins n'étaient pas encore développés. J'ai fait glisser ma main sur mes seins. Comme ceux de maman, ils étaient tout plats. Pendant que je jouais à les caresser, je me sentais bien. J'ai souhaité avec force ne jamais me réveiller.

« Tu gémissais, m'a dit Ryô. Tu rêvais encore ?

— Oui. Maman était une petite fille. »

De nouveau, l'été est revenu. Les cheveux collaient sur la nuque, à cause de la sueur de la nuit.

« Dis, pourquoi es-tu là ? » ai-je demandé d'une voix hésitante.

Je faisais semblant d'être encore dans les brumes du sommeil. Ryô avait allumé la lampe de chevet et il lisait. Il ne dormait pas encore.

« Qu'est-ce que tu racontes ? Je suis là parce que nous habitons ensemble.

— Pourquoi est-ce que tu vis avec moi ?

— Parce que je ne veux pas être seul », a répondu Ryô avec une curieuse naïveté.

Maman était morte depuis longtemps mais elle continuait à vivre en moi. Si bien que même si j'étais seule, je ne pouvais pas être seule. Maman était toujours quelque part, et elle me regardait.

« C'est bien d'être seul, non ?

— Très peu pour moi. »

L'oreiller de plumes était creusé à l'endroit de la tête de Ryô. Il l'a retourné. L'autre côté était plat, et Ryô a enfoncé sa tête dedans.

Voilà bientôt vingt ans que je rêve de maman. Au début, elle avait une forme vague, mais ces derniers temps, sa silhouette devient de plus en plus dense. Plus que Ryô qui est à côté de moi, je sens maman infiniment proche.

« Tu es amoureuse ? » demande maman. C'est dans mon rêve. Elle rit sous cape.

Je n'ai pas répondu et elle a continué joyeusement :

« Moi, j'ai quelqu'un.

— Qui est-ce ?
— Quelqu'un que tu connais bien.
— Papa ?
— Mais oui ! »

Mais papa est ton frère, non ? C'est ce que je voudrais dire, mais pas un son ne sort de ma bouche.

« A l'origine, nous vivions juste ensemble. Il n'y avait rien de plus. »

Maman avait parlé avec simplicité, si bien que j'ai retrouvé ma voix pour demander :

« Rien de plus ? Qu'est-ce que ça veut dire ?
— Je ne sais pas au juste. »

Maman était toujours sous la forme d'une petite fille. Moi aussi. Nous nous sommes pris la main. J'avais une envie folle de révéler à maman qui était l'être que j'aimais.

« Tu vois, il court très vite.
— Tu me parles de l'homme que tu aimes ?
— Oui. Et puis aussi, c'est quelqu'un qui chante très bien.
— Tiens donc ! »

Sans faire un geste, maman m'a dévisagée. Le sang me monte à la tête. Je meurs d'envie de lui dire qui est celui dont je suis amoureuse. Mais il ne faut pas, je ne dois pas lui dire.

Intérieurement, je suis pleine de sa présence. Les petits cheveux fous qui envahissent la ligne du cou. Les paupières un peu lourdes. Les lèvres brûlées par le soleil. Les oreilles bien ourlées. Le rire franc, ce rictus, suivi tout de suite d'un retour à une expression grave, le léger décalage qui se produit alors.

J'éprouvais du désir. Je ne savais pas de quelle manière mon désir se trouverait comblé. Il ne me suffisait pas d'être à ses côtés. Je n'étais pas comblée. Je le voulais. Je voulais qu'il me veuille aussi.

« Tu n'as qu'à le prendre dans tes bras, a dit maman, avec une voix d'enfant.

— Je ne peux pas.

— Pourquoi ?

— Parce que. »

Elle s'est mise à rire. Le vent a traversé ses longs cheveux. J'ai senti l'odeur de maman, son odeur quand elle était adulte. Le N° 19 de Chanel. Quand elle en mettait, le parfum devenait beaucoup plus intense que dans le flacon. Moi aussi, il m'est arrivé d'en mettre. Mais il ne m'allait pas du tout. La silhouette de maman s'est effacée. A la place, la main que j'aime, ses doigts me sont apparus, tout près.

En hâte, j'ai approché ma main, mais les doigts se sont estompés dans l'instant.

« La maîtresse, les professeurs, personne ne m'aimait ! » disait souvent maman. Quand elle vivait.

Maman prenait le train pour aller à l'école. Du temps où elle allait dans cette école de filles, à présent réputée comme « boîte à bac », l'établissement était déjà très sévère. A l'époque, presque la moitié des élèves passaient l'examen d'entrée à l'université.

« Il y avait un examen où il fallait remplir des blancs, compléter le texte en choisissant parmi plusieurs réponses possibles.

— Qu'est-ce que c'est que ça ? »

Ryô était en train d'écouter la radio, et pour une fois, il s'est mêlé à la conversation.

« Eh bien, disons, une évaluation des connaissances.

— Hum. » En même temps, il a éteint la radio.

— J'étais la première. Mais le prof n'était pas convaincu, il se demandait si je n'avais pas choisi au hasard, j'avais eu de la chance que mon crayon tombe sur la bonne réponse !

— C'était un imbécile ou quoi, ce prof ? »

Oui, c'était un idiot. Mais moi, je me suis rebiffée. Je me dégoûtais moi-même de réussir alors que je ne faisais rien. En fait, j'ai laissé passer l'occasion d'étudier pour de bon, tout simplement. Je suis trop têtue, il n'y a rien à faire de moi.

Après le lycée, maman avait appris la couture, japonaise et occidentale. J'ai appris la cuisine française aussi, à Tôkyô Kaikan. La cuisine japonaise, occidentale, chinoise. Tout, quoi ! On m'a inculqué tout ça. Le thé et l'arrangement des fleurs, ça, c'était depuis le collège, je prenais des leçons de chant aussi. Une femme, c'était ça ! Maman a poussé un soupir.

Ryô s'est levé et s'est mis derrière maman. Il a commencé à lui masser les épaules. Comme c'est agréable. Après tout, c'est peut-être une chance d'être une femme. Parce que comme ça, j'ai pu avoir Ryô !

Je voulais moi aussi apprendre la cuisine française, comme maman. La viande sans le moindre tendon. La chapelure fine et fraîche. Le beurre fondu à l'odeur délicieuse. La sauce béchamel moelleuse. Maman ne m'a pas appris à faire la cuisine. Elle faisait tout elle-même, toute seule. Elle était contente quand Ryô venait l'aider. Moi, quand j'allais dans la cuisine, je la dérangeais. Il n'en était rien pourtant. Je n'ai jamais fait de différence entre Miyako et Ryô ! aurait-elle dit sûrement. J'aurais voulu devenir comme Ryô. Pour pouvoir faire plaisir à maman. Mais je n'ai jamais pu. C'est peut-être ce qui explique que j'aime Ryô à ce point.

LES FEMMES

On va faire un voyage, dis, tu veux bien? Nahoko m'a fait cette proposition quand j'étais en deuxième année de fac. Elle était en troisième année, c'était pendant les vacances d'été. Nous avons pris un train de la ligne Sôbu, et sans nous soucier de ce que nous ferions après, nous nous laissions bercer par le train. Nous sommes descendues à Narita et nous sommes allées voir le temple. Il faisait très chaud. Le long de l'allée qui mène au temple, il y avait plusieurs petits restaurants d'anguilles grillées. J'ai proposé à Nahoko d'en manger, mais conformément à la manie qui était la sienne depuis l'enfance de ne dire ni oui ni non, elle s'est contentée de murmurer une réponse inintelligible.

Nous sommes retournées à la gare, nous avons pris le train pour aller à Kashima, où nous avons fait une petite prière au sanctuaire.

Cette fois encore, Nahoko a gardé les mains jointes un long moment.

« Tu as prié pour quoi ?

— Rien de spécial. »

Sa réponse était sèche. Elle avait son expression habituelle, qu'on pouvait prendre pour un sourire, mais j'ai compris tout de suite qu'elle ne riait pas du tout.

« On reste pour la nuit, hein ? »

En quittant le sanctuaire Kashima, Nahoko a soudain retrouvé ses esprits, et dès qu'elle a repéré une cabine téléphonique, elle a composé un numéro en consultant son agenda.

Nous devions passer la nuit dans une auberge de jeunesse à Itako.

Là s'arrêtent mes souvenirs précis, et quant à savoir quelle ligne de train nous avons prise, où nous sommes descendues, où nous avons couché, ce que nous avons mangé, c'est le noir absolu. Une chose cependant, dès qu'on tombait sur un sanctuaire ou un temple, Nahoko ne manquait jamais d'y entrer et de joindre les mains, et comme on n'avait pas beaucoup d'argent, elle évitait tous les endroits où il fallait s'acquitter d'un droit de visite.

Nous avons marché, marché.

Ibaragi, Fukushima, Miyagi, nous changions de train et descendions quand l'une des deux en manifestait l'envie. Nous devisions en marchant.

Nahoko aimait quelqu'un.

« Mais ça ne va pas. »

Le passage où s'alignaient les commerces a pris fin, nous avons continué jusqu'à des rizières, enfin, la plupart du temps, les choses se présentaient de cette façon. A côté d'une maison, il y avait une petite parcelle de terre plantée de riz, les épis étaient mûrs, d'un beau vert vivace.

« Pourquoi est-ce que ça ne marche pas ? » ai-je demandé, mais Nahoko n'a rien répondu.

Des sanctuaires, il y en avait partout. Et la plupart du temps, non loin, se dressait un temple. Ils étaient déserts, et quand nous étions fatiguées, nous restions un moment assises près de la fontaine en buvant le thé de notre petite bouteille thermos.

« Tu ne trouves pas que c'est barbant d'aimer quelqu'un ? a dit Nahoko.

— Alors il n'y a qu'à ne pas tomber amoureux.

— Ce n'est pas aussi simple. Tu ne crois pas que le monde serait plus supportable si les êtres humains étaient capables de dominer leurs sentiments ? »

J'ai acquiescé sans trop de conviction. Mais je n'étais pas sereine. C'était une question qu'il valait mieux ne pas aborder.

« Au fond, qu'est-ce que ça veut dire, aimer ? » a dit Nahoko en s'étirant.

Je n'ai rien pu répondre.

« Je ne suis pas malheureuse, mais je ne sais pas sur quoi m'appuyer. »

Etre sans appui.

Intérieurement, j'ai répété les mots de Nahoko.

« Dis, Miyako, tu as quelqu'un, j'imagine ? »

Nahoko, soudain, m'a regardée dans les yeux. Je ne devais pas me défiler. De toutes mes forces, j'ai pris sur moi et je l'ai regardée à mon tour en face. Finalement, j'ai réussi à relever un tout petit peu les commissures de mes lèvres. Comme pour s'en assurer, Nahoko m'a regardée un moment. Puis elle a fait glisser son regard et elle a pris une mine souriante. A moins qu'elle n'ait pas souri du tout.

« Je me demande ce que Ryô peut bien faire en ce moment », a dit Nahoko. Je ne sais pas. Dans les herbes, des insectes chantaient. Toutes les deux, nous sommes restées un long moment à les écouter.

Trente années ont passé depuis ce voyage.

« Tu t'en souviens ? ai-je demandé l'autre jour à Nahoko.

— Oui, en tout cas je me rappelle que ce voyage a duré longtemps.

— Le garçon dont tu étais amoureuse à cette époque, qu'est-ce qu'il fait maintenant ?

— Il a quitté son travail et il s'occupe d'agriculture.

— Comment ? »

Nahoko m'a appris que par le biais d'Internet ou je ne sais quoi, ils avaient repris contact.

« Quand on sait les choses, ce n'est plus intéressant, hein ?

— C'est vrai, c'était sans intérêt. Il y avait une photo de lui avec des radis noirs et des salades sur fond d'azur. J'aurais préféré ne pas voir cette photo. »

Pendant le voyage, chaque fois que Nahoko parlait de lui, je me souviens que je souffrais quelque part dans mon corps. L'eau qui stagnait dans mon corps à cette époque se mettait à bouillonner.

Pourquoi la mémoire ne faiblit-elle pas ?

Dans une source thermale d'une province du Nord, Nahoko m'avait laissé toucher sa poitrine. Je m'étais toujours demandé ce que ressentait un homme en caressant les seins d'une femme.

« Moi aussi, je me suis posé la question », a dit Nahoko avec un sourire. Elle m'a montré ses seins bercés par l'eau en disant : « Tiens, tu peux toucher si tu veux. »

Les seins qui n'avaient pas la même fermeté que les miens étaient étranges. Le poids, la peau, tout était différent.

« C'est agréable ? » ai-je demandé.

Nahoko a secoué la tête. Son visage était sans expression.

« Pas spécialement. »

Les seins de Nahoko étaient offerts et restaient sans vie. L'autre poitrine qu'il m'était arrivé de toucher, le sein de maman que j'avais tété, il va sans dire que je ne m'en souvenais plus.

Je finis toujours par penser au moment où un voyage s'achève. C'est depuis ce voyage avec Nahoko que je me suis mise à y réfléchir.

La fin d'un voyage est toujours triste. Moi qui étais lasse d'être en compagnie de Nahoko, l'idée qu'il allait prendre fin, je ne voulais pas l'accepter.

« Restons encore un peu ensemble! ai-je demandé à Nahoko sur le quai de la gare d'Ueno, quand nous sommes descendues du train.

— Non, je rentre à la maison », a-t-elle répondu en secouant la tête.

Elle et moi étions fatiguées. Nos chaussures étaient poussiéreuses, nos sacs à dos étaient brûlés par le soleil. Nos chapeaux, à force d'être pliés, puis déployés, de nouveau rangés, étaient tout froissés.

Pourtant, je ne voulais pas rentrer à la maison.

Après avoir quitté Nahoko à Shinjuku, je suis descendue à Shimokitazawa et je suis entrée dans un restaurant de spaghettis. Il y avait un tas de mangas, j'ai posé mon sac par terre et j'ai lu très longtemps. S'il y avait eu à cette époque des mangas cafés, j'y aurais certainement passé la nuit, en proie à mes regrets.

J'ai mangé mes pâtes aux œufs de poisson, bu un café, puis un thé glacé, et le peu d'argent qui me restait a encore diminué.

Le soir s'est avancé, les cigales de montagne se sont mises à chanter. C'était comme s'il y avait au loin une forêt profonde. Au milieu des bruits de la rue, leur chant retentissait à l'infini en tremblotant.

Tout en écoutant leur chant, je réfléchissais.

Je n'ai toujours pas trouvé la réponse. Vais-je mourir sans l'avoir trouvée ?

Comme Nahoco avait un empêchement, j'étais allée avec Ryô écouter un concert de jazz.

Nous nous sommes assis au fond d'une petite salle à Shinjuku. Tu ne préfères pas être plus près ? ai-je demandé à Ryô, qui m'a répondu non, de toute façon je suis avec toi.

« Que veux-tu dire ?

— Ben, je me sens un peu gêné. »

Il l'avait dit tel quel. En rougissant légèrement. Il n'avait nullement besoin de parler de gêne, mais le seul fait de comprendre que ma présence agissait sur ses sentiments m'a fait battre le cœur.

La contrebasse faisait vibrer la salle. J'avais l'impression que mon estomac vibrait en même temps. Les deux verres d'alcool que j'avais absorbés coup sur coup n'y étaient peut-être pas étrangers.

Quand le concert a pris fin, Ryô a jeté un regard de côté. Il a dit en riant que Nahoco n'aurait sans doute pas aimé. L'éclairage de la scène a diminué d'intensité, et il m'a semblé que la salle avait légèrement rapetissé. Ryô a commandé une assiette de saucisson et de fromage, moi, une pizza. Le gin tonic était doux et facile à boire. Un peu grise, j'ai effleuré le bras de Ryô. Arrête ! a-t-il dit. J'ai retiré immédiatement ma main. Nous ne parlions pas, j'ai avalé plusieurs verres.

Je ne me souviens pas comment nous avons regagné la maison. Le lendemain, j'avais la gueule de bois, c'était la première fois. Ryô était parti tôt le matin pour aller à l'université. Mes cheveux sentaient le tabac. Mon linge aussi. C'est à partir de ce moment que j'ai commencé à fumer. Pas des cigarettes mentholées, des cigarettes fortes qui picotent la gorge, de celles qui sont du goût des hommes qui travaillent.

On me faisait souvent remarquer que je sentais le tabac.

Moi, je ne m'en rendais pas compte.

Quand j'ai cessé de fumer, je me suis aperçue pour la première fois que le tabac avait une odeur puissante. J'ai fumé pendant une dizaine d'années. Au moment où maman est morte, je ne fumais déjà plus. Quand j'arrêtais de dessiner, ma main s'avançait tout naturellement vers le paquet de cigarettes, mais sans savoir pourquoi, un beau jour, j'en ai eu assez et j'ai arrêté de fumer.

Maman ne fumait pas. Papa non plus.

« La nourriture perd sa saveur. S'il te plaît, Miyako, sois gentille de ne pas fumer dans le living. »

Comme je ne fumais que dans ma chambre, cette pièce où Ryô et moi dormions gardait encore vaguement l'odeur de la fumée, qui avait imprégné les livres. Quand je feuilletais les pages jaunies, une odeur aigre-douce montait.

« Tu devrais arrêter, me répétait Ryô. Je n'aime pas beaucoup qu'une femme fume, moi ! »

Quand j'essayais de lui faire dire en quoi cela lui déplaisait, il baissait la tête en disant : « Si ça lui va bien de fumer, passe encore… »

J'ai pensé que sa réponse était sans intérêt. J'aimais peut-être Ryô, mais ce qui était sans intérêt était sans intérêt.

« C'est stupide ! Qui est-ce qui décide ? »

Ryô a presque sursauté.

« C'est vrai, tu as raison. Qui est-ce qui décide, c'est moi et personne d'autre ! »

Ryô s'est excusé avec empressement.

« Comme il n'y a que toi qui fumes dans la maison, j'ai peut-être éprouvé de la jalousie.

— De la jalousie ?

— Oui, de la jalousie. »

Il m'a regardée dans les yeux. Dans ses prunelles marron clair, mes yeux se reflétaient. J'ai pensé que c'était un peu triste. Mais je n'ai pas eu peur. J'ai décidé de me contenter du fait que Ryô avait utilisé à mon égard le mot de jalousie. Le blanc des yeux de Ryô était strié de très fines veines, qui m'ont paru belles.

Il y eut à plusieurs reprises des moments délicats.

Tout cela s'est passé bien avant la mort de maman.

« Si maman mourait, qu'est-ce que je ferais ? »

Si je me souviens bien, j'ai laissé entendre mon inquiétude à Nahoko au cours du voyage que nous avons fait ensemble.

« Qu'est-ce que tu veux, les parents, ça meurt un jour ou l'autre », a répondu avec calme Nahoko. C'est bien possible. Ma mère à moi, elle ne te donne pas l'impression qu'elle ne mourra pas ? Maman ? Mourir ? Cela me faisait l'impression d'un crime impossible.

« Qu'est-ce que tu racontes ? » a dit Nahoko en riant, et nous n'en avons plus parlé.

Je me demande quel moment a été le plus ambigu. Sans doute est-ce quand j'ai abordé le sujet. Le sujet, quel sujet ? Ce sujet aussi tendu que la corde d'un arc.

La corde de Ryô ne vibrait que très rarement. On avait beau chercher à la faire retentir, elle se raidissait dans le calme.

Kaoru m'a parlé un jour de Nahoco.

« Ryô marchait à côté d'une fille.

— Quel genre, la fille ?

— Difficile d'imaginer plus ordinaire. »

Ça doit être Nahoco alors, sûrement. Kaoru a écarquillé les yeux.

« Tu la connais ?

— Ben oui.

— Peut-être, mais… »

Comment ça, mais ? Qu'est-ce que ça peut faire, si Ryô marchait avec une fille tout ce qu'il y a de banal ? Je parlais sur un ton de reproche.

« J'ai dit une fille ordinaire, mais ce n'est pas vrai.

— Comment ça ?

— Elle me fait peur. »

Kaoru est restée incapable d'expliquer en quoi elle lui faisait peur. Elle était un peu trop pâle, et puis les yeux, oui, un regard fixe. Et ses gestes aussi, ils sont un peu bizarres.

« Elle ne s'éloigne pas une seule seconde de Ryô. Enfin, ce n'est pas tout à fait ça. Elle donne plutôt l'impression de ne pas pouvoir s'éloigner de lui, quand bien même elle le voudrait. »

Rien d'étonnant, c'est tout simplement parce qu'elle est amoureuse, non ? A ces mots, Kaoru a secoué la tête avec force.

« Tu veux dire que j'ai eu cette impression parce que je ne veux surtout pas être comme ça ? »

Oui. C'étaient d'autres femmes que moi qui émouvaient Ryô. Nahoco. Et d'autres encore. Toutes les femmes qui se dressaient au milieu des broussailles.

Que voulait faire Ryô avec toutes ces femmes ? Lui qui les poussait dans leurs retranchements. Il ne donnait pourtant pas cette impression. Toutes ces femmes, à force d'avoir été trop poursuivies, devenaient muettes avant que leurs contours ne finissent par s'estomper.

Je savais comment m'y prendre pour dire du mal de Nahoco et des autres femmes.

« Arrête donc ! » me disait maman, qui cherchait à m'en empêcher, mais il était clair que ça l'amusait.

Tantôt avec évidence, tantôt d'une manière difficile à pénétrer, maman et moi prenions plaisir à dire du mal des petites amies de Ryô.

Quand il y en avait une nouvelle qui apparaissait, je faisais avec maman pour calmer mon énervement une évaluation comparée des filles, et c'était extrêmement plaisant. Nous donnions la préférence à l'une d'elles, ou nous l'enlevions de la liste. Nous rajoutions certains traits, nous en supprimions d'autres. C'est ainsi que nous peaufinions la figure affligeante de la petite amie de Ryô, et nous riions sous cape toutes les deux.

Ce travail ressemblait beaucoup à la mise au point d'un objet de fabrication délicate.

(Qu'est-ce que je deviendrais si maman mourait ?)

Plus l'invention se perfectionnait, plus cette idée me préoccupait. Mais à d'autres moments, je souhaitais presque que maman meure vite.

Quand nous avions fini de dire du mal des filles, nous nous faisions un café. En été, nous y mettions beaucoup de glaçons, l'hiver, du lait chaud.

« Un garçon comme Ryô sera l'esclave de sa femme, affirmait maman.

— Je ne sais pas pourquoi mais je trouve cette façon de dire déplaisante.

— Il ne faut pas comme ça rejeter les bonnes vieilles expressions ! »

Maman a battu des mains en se composant un charmant visage espiègle.

Papa se rendait-il compte du bonheur qu'il avait de posséder maman ? Qu'est-ce que tu racontes ? Ce n'est pas du tout un bonheur ! C'est sûrement ce qu'il aurait répliqué. Pour commencer, elle n'a jamais été en ma possession comme tu dis.

Il y a eu bien d'autres moments ambigus, mais je me demande à présent dans quelle mesure ils étaient vraiment ambigus. Si je parle ainsi, c'est justement parce que les choses arrivent au moment où on s'y attendait le moins.

Je devais être en cinquième ou sixième année de primaire, si je me souviens bien.

Mon tour de faire le ménage s'était prolongé, et j'étais fatiguée.

Tout en nettoyant dans l'évier les chiffons noirs de saleté, je me demandais sans conviction pourquoi les chiffons qui étaient tout blancs quand on les avait rassemblés au début du semestre étaient devenus complètement différents au toucher.

De la cour m'est parvenu comme un claquement.

Quelqu'un devait jouer au ballon.

« Dis, tu veux que je te dise un secret ? »

Une élève de ma classe, Shiokawa, était plantée à côté de moi devant l'évier.

« Un secret ?

— Ouais, un secret. »

Je me suis dit que c'était un racontar sur un élève, je n'aimais pas trop ça. Sans parler du fait que c'était une fille avec qui je n'étais pas particulièrement intime. Ce qu'elle voulait m'apprendre ne pouvait que me mettre dans l'embarras. Si j'y prenais plaisir, tout le monde me poserait des questions. Si je me montrais sèche, tout le monde me le reprocherait. Quoi que je fasse, je ne pouvais pas me dérober.

« Il paraît que Shirai s'est fait embrasser.

— Embrasser ?

— Toi, tu as déjà embrassé quelqu'un ?

— Non. Et toi ?

— Ça, c'est un secret ! »

Cette fille faisait partie du groupe voisin. Elle avait les cheveux longs et portait toujours des chaussettes un peu lâches. Elle mettait du temps pour manger à la cantine, et les jours où la pause du déjeuner coïncidait avec le ménage, elle grignotait du pain dans un coin toute seule d'un air dégoûté.

Je me moquais éperdument du baiser.

« Tu sais avec qui ? »

Comment pouvais-je savoir ? J'ai pensé que ce serait bien si Nahoko était là maintenant. Elle sortirait un *so what ?* bien américain, qui aurait pour effet de désarçonner Shiokawa et de la faire déguerpir. Quand la situation devenait embarrassante, Nahoko se contentait de rire en nous lançant à Ryô et à moi son accent américain, et elle esquivait la question.

« Quand on s'embrasse, il paraît qu'on peut avoir un bébé. »

Il y avait bien un cours pour expliquer le mécanisme des règles, mais c'était une époque où il n'y avait pas encore d'éducation sexuelle.

« Chez moi, on s'embrasse souvent, enfin, les parents. »

Shiokawa a poussé un cri perçant. Papa et maman se donnaient tous les jours des baisers légers. Ryô et moi pensions que c'était un élément qui composait le bonjour bonsoir. C'est pour ça que quand je rentrais seule de l'école, jusqu'à ce que Ryô me le dise, nous nous embrassions très souvent, de même que j'entourais papa et maman de mes bras, et eux en faisaient autant.

« Comment est-ce qu'ils s'embrassent, ta mère et ton père ? m'a demandé Shiokawa, les yeux brillants.

— Comme ça. » Et j'ai effleuré de mes lèvres la joue de Shiokawa.

Elle s'est laissé faire avec sérieux.

« Moi aussi, je vais t'embrasser », et elle a posé ses lèvres sur mon oreille. Puis, d'un air encore plus sérieux, elle a dit : « Mais le baiser de Shirai, ce n'était pas comme ça. C'était un baiser plus adulte. »

J'ai senti une démangeaison me parcourir depuis le ventre jusqu'aux chevilles. J'ai pensé que moi aussi, je voulais connaître un baiser d'adulte. Je connaissais très bien la destination du désir. Jusqu'ici, je ne m'étais pas autorisée à le savoir. Mais les paroles de Shiokawa s'étaient frayé tout droit un chemin en moi qui n'étais pas sur la défensive. J'ai accepté cet instant, et j'ai été délivrée.

« Si on s'embrassait encore une fois ? » a dit Shiokawa. Cette fois, elle a approché ses lèvres de ma bouche. Dans l'air capiteux après ma délivrance, tout en écoutant le bruit de l'eau qui coulait du robinet, j'ai fermé les yeux. Je goûtais pour la première fois à la douceur, à la souplesse des lèvres.

LES PÈRES

Je venais d'avoir vingt et un ans, et Ryô vingt ans.

Une lettre est arrivée. Sur une enveloppe rectangulaire de couleur ivoire étaient tracés à l'encre de Chine, en traits épais, nos deux noms. Miyako, Ryô.

« Regarde ce qu'on nous envoie ! » ai-je dit en entrant dans la chambre de Ryô. Depuis la fin du collège, je ne pénétrais presque jamais dans sa chambre, si bien que j'avais eu un instant d'hésitation. Mais quand j'ai frappé, oui, qu'est-ce qu'il y a, en entendant ces mots prononcés d'une voix douce, j'ai ouvert la porte.

« Plutôt bizarre, le truc ! » ai-je dit.

Ryô a levé la tête. Allongé sur son lit, il était en train de lire. La couverture du livre était blanche, c'était épais, une traduction en deux volumes.

« Qu'est-ce que tu lis ? » ai-je demandé.

Ryô a tendu le bras pour me montrer la couverture.

« Ah, c'est ça ?

— Toi aussi, tu l'as, Miyako ? »

J'avais commencé à le lire, mais j'avais trop de mal à comprendre, alors je l'avais abandonné.

« Oui, je l'ai, mais…

— Ça t'a plu ?

— Non, enfin, comment dire… »

J'étais émue d'apprendre que j'avais acheté le même livre que Ryô.

Ryô a inséré un marque-page et il s'est redressé. Je lui ai tendu l'enveloppe, il a d'abord fixé le nom des destinataires, avant de regarder au dos le nom de l'expéditeur.

« C'est Takeji qui nous écrit ? »

Il a secoué l'enveloppe qui était toujours cachetée. C'était sans doute une illusion d'optique, mais l'enveloppe semblait aussi molle que du fromage en train de fondre.

« Ouvre !

— Pourquoi moi ? »

Comme s'il s'agissait d'une chose funeste, nous voulions chacun que ce soit l'autre qui l'ouvre. En définitive, c'est Ryô qui l'a décachetée. Quand il a sorti la lettre, le papier était déchiré au bord, et une partie qui portait la belle écriture de Takeji était déchiquetée. Quel maladroit tu fais ! Ryô s'est fâché. Je ne lui avais pas vu une telle expression depuis longtemps, et ça m'a rappelé des souvenirs.

Ensemble, nous nous sommes rendus à l'endroit indiqué par Takeji.

Ce fut une étrange soirée.

L'entrée était entourée d'un mur de clôture noir et on venait d'arroser. Près de l'entrée, on remarquait une petite lanterne, deux voitures noires étaient arrêtées discrètement en face de l'enceinte.

Comme je mettais rarement des collants, le bout de mes pieds me démangeait. J'avais consulté papa, qui était d'avis qu'un tailleur était ce qui convenait le mieux. Mais je n'en possédais pas. J'avais donc mis un blazer bleu marine avec une jupe à volants et un chemisier blanc, je me trouvais habillée comme une fillette.

Ryô portait un costume gris avec une chemise blanche, une cravate qu'il avait empruntée à papa, et par-dessus, un blazer bleu marine. Comme d'habitude il était toujours vêtu d'un tee-shirt trop grand pour lui et d'un jean, je lui trouvais soudain un air adulte, je lui en voulais un peu de cette transformation brutale, mais quand il s'est mis à parler, c'était sa voix de tous les jours.

« Tu crois qu'on va bien manger ?

— Passe plutôt devant.

— Ah non, les femmes d'abord.

— Mais c'est un restaurant japonais, alors à la japonaise, non ? »

Nous avons suivi la serveuse qui nous montrait le chemin en silence, et après avoir traversé un couloir recouvert de tatamis, nous avons découvert Takeji assis devant le tokonoma. Il m'a fait une impression complètement différente du personnage que je connaissais, quand il venait à la maison et qu'il bavardait avec papa et maman de choses sans importance. C'était un autre homme.

« Salut ! Vous êtes gentils d'être venus ! »

La serveuse s'est retirée sans attendre, nous nous sommes assis sur un énorme coussin qui était trop moelleux, sans nous interroger sur le protocole.

« Vous allez avoir des crampes si vous restez comme ça, allongez vos jambes, mettez-vous à l'aise ! »

Quand nous nous sommes retrouvés tous les trois, Takeji a repris son air habituel. Ryô et moi avons bu de la bière tout au long du repas, mais au bout d'un moment, Takeji a commandé du *shôchu*[4]. Je n'avais pas l'habitude d'être servie par quelqu'un qui se tenait derrière moi et j'ai failli plusieurs fois renverser mon verre. Je pensais que Takeji nous expliquerait tout de suite pour quelle raison il nous avait invités dans un restaurant si huppé, mais il se contentait de boire et de manger tout à son aise, sans donner d'explication.

« Les consommés sont excellents ici, vous savez.

— En effet, c'est très bon. »

Ryô parlait avec sobriété. Quant à moi, je me sentais mal à l'aise et je ne me rendais pas vraiment compte de la qualité de ce qui nous était servi. Mais l'alcool aidant, j'ai fini par ne plus me préoccuper de rien.

Takeji en train d'expliquer à la serveuse ce que représentait le kakémono est la dernière image que j'ai gardée du restaurant, ainsi que l'insecte qui chantait dans sa cage de bambou posée dans un coin du couloir, *rin rin*, et une serveuse d'une beauté effrayante, voilà tout ce que j'ai gardé en mémoire.

Dans la rue nocturne, Takeji s'est mis entre nous deux pour marcher vers l'endroit où nous devions continuer la soirée. Son haleine qui sentait l'alcool était tiède. Il marchait d'un pas incertain, un bras passé autour de chacun de nous.

« Est-ce que tu dînes souvent dans des endroits comme ça ? a demandé Ryô.

— De temps en temps, avec des clients.

— Est-ce que papa y va aussi ? » ai-je demandé à mon tour.

Takeji a eu un rire chargé de sous-entendus.

« Il a horreur de ça. Il ne veut jamais venir, ce qui me met dans l'embarras. Mais il ne se fait pas prier pour aller dans des gargotes ou des bouibouis ! »

Takeji a commandé trois verres, sans nous consulter. Pour Ryô, un whisky soda, pour moi, un cocktail à l'orange.

« Eh bien, si je vous ai demandé de venir aujourd'hui…

— Qu'est-ce qui se passe ? »

Ryô et moi avons parlé d'une seule voix. Le barman a agité son shaker. Du jazz en sourdine se répandait dans le bar, que l'alcool faisait paraître plus grand qu'il n'était.

Takeji fredonnait en même temps que le jazz. Il chantait un peu faux. Lui aussi sans doute se laissait bercer par l'alcool. Je me suis demandé pourquoi maman n'était pas avec nous. J'avais pensé à elle de façon si soudaine que j'ai éclaté de rire, tant je trouvais ça drôle. Takeji m'a regardée. Puis il a regardé Ryô.

« Je me suis dit qu'il fallait que je vous parle à tous les deux. » Il chuchotait presque.

Ryô et moi avons échangé un regard. Nous nous rappelions ce que nous avait appris Takeji il y a longtemps, notre secret. Mais après tout, ce n'était pas du tout un *secret*, c'était simplement une chose qu'on ne nous avait pas dite.

« C'est à propos de notre père ? » ai-je demandé.

Le plafond était très loin, une odeur de cigarette flottait. Le barman était dans mon champ de vision mais je ne sentais pas sa présence.

« Oui, il s'agit de votre père. »

J'ai lancé un regard à Ryô. Il avait effacé toute expression de son visage. Notre père, ai-je dit dans un murmure. Il ne s'agit pas de papa, mais de notre vrai père ? Je me suis dit que c'était un drôle de mot, ce mot de père.

« Mais tu en es sûr ? » a demandé Ryô. Je ne comprenais pas le sens de sa question. Sûr ?

Alors que Takeji n'avait pas encore dit clairement qui était notre père, la question de Ryô m'était incompréhensible.

« Est-ce que par hasard tu le saurais ? a demandé Takeji en scrutant le visage de Ryô.

— Oui, enfin, je pense, a répondu Ryô.

— Comment ça ?

— J'ai fait des suppositions.

— Quel genre ?

— Disons que pour la moitié, c'est mon intuition. Le reste, c'est toutes sortes de petits détails. »

Ça alors, je ne m'y attendais pas ! Et Takeji s'est frappé le front. Il a avalé sans bruit le martini qu'on lui avait servi dans un verre au bord fin. Deux olives étaient plantées au bout de deux piques argentées. Takeji les a portées à sa bouche l'une après l'autre avec lenteur. Le cocktail à l'orange n'était pas sucré, le goût était délicieux. J'ai pensé que maman aussi l'aurait trouvé bon.

« Bon, eh bien, l'affaire est réglée », a dit Takeji en avalant une gorgée de martini avec un petit chuintement. Il a passé sur ses lèvres sa langue qui était d'un beau rouge.

« L'affaire est réglée ? Comment ça, quelle affaire ? » ai-je dit. Comme si Ryô et Takeji venaient de s'apercevoir de ma présence, ils m'ont tous les deux dévisagée.

« Toi, Miyako, tu n'avais pas deviné ? » a demandé Ryô de l'air de ne pas comprendre. Si, je savais. Enfin, plus ou moins. Mais ce n'est pas pour autant que l'affaire est réglée. J'ai compris que ma voix était plus forte que la musique, mais je n'avais pas pu me retenir. Quelques clients se sont tournés de notre côté.

Takeji était notre père biologique.

Il nous l'a annoncé avec simplicité. De la même façon qu'il nous avait appris que papa et maman n'étaient pas mari et femme.

« Pourquoi maintenant ?

— Je ne sais pas. C'est comme la dernière fois, il n'y a pas de raison…

— Pourquoi alors nous as-tu envoyé une lettre aussi formelle ? » a demandé Ryô pour faire diversion.

Takeji a ri.

« Je voulais au moins une fois manger des bonnes choses en votre compagnie, c'est tout ! »

Nous avons pris un deuxième verre. Takeji et Ryô un whisky, moi, j'ai commandé la même chose.

« Il te plaît, ce cocktail ? a demandé Takeji.

— A maman aussi il plairait, je crois.

— Oui, elle aimerait ça. »

Que Takeji ait répondu avec tant de naturel m'a légèrement irritée, comme une caresse à rebrousse-poil. Maman et Takeji continuaient-ils à se voir ?

« Nous ne nous voyons plus ces derniers temps, a dit Takeji.

— Pourquoi ?

— C'est elle qui ne veut pas.

— Pourquoi est-ce que vous ne vous êtes pas mariés ?

— Elle ne voulait pas, elle disait qu'elle avait le mariage en horreur, et qu'elle détestait encore plus l'idée de devenir l'épouse d'un marchand de papier. »

L'image de maman dans sa jeunesse réglant à tort et à travers les problèmes en disant qu'elle détestait ça a traversé mon imagination, comme si je la voyais en vrai.

« Ça n'a pas empêché la naissance de Ryô…

— Oui. Je voulais absolument, je l'ai suppliée, finalement elle a cédé. Et Ryô est venu. »

Ryô a pouffé.

La soirée s'avançait. Pourquoi maman refusait-elle à ce point le mariage ? Et même l'idée d'habiter sous le même toit ? C'est qu'à cette époque vivre ensemble était une chose impossible, a expliqué Takeji en riant. Pourtant, ce devait être encore plus terrible d'avoir un enfant et de l'élever seule !

« Vous connaissez votre mère. Elle est comme ça, elle n'est pas du genre à renoncer une fois qu'elle a décidé de faire quelque chose ! »

Euh, oui, c'est vrai. Ryô et moi avons acquiescé. Grand-père et grand-mère ont dû être terriblement embarrassés !

« Bon gré mal gré, le patron a acheté pour votre mère la maison que vous habitez à présent. »

Le patron, autrement dit grand-père. Une fraction de seconde, j'ai pensé que la vraie mère de maman était morte pendant la guerre.

« Quand même, je me demande si Takeji est vraiment notre père à tous les deux », a dit Ryô dans le taxi que nous avions pris depuis Ginza. Comme c'était la première fois qu'on me donnait un coupon de taxi, j'étais un peu tendue. Allais-je pouvoir payer la course avec ça ? Qu'est-ce que je ferais si on me réclamait des espèces, une fois devant la maison ?

« Qu'est-ce que tu veux dire ? » Ce n'est qu'au bout d'un certain temps que les paroles de Ryô ont pénétré dans mon esprit. A cause des cahots, je n'arrivais pas à lire exactement le nom de Takeji qui était sur le coupon.

« Eh bien, il est impossible de vérifier, non ?

— Vérifier quoi ?

— Ecoute, on peut être sûr de l'identité de la mère, quant au père, c'est la déclaration de la mère qui fait foi. »

La déclaration de la mère. Dans mon trouble, j'ai murmuré ces mots.

« Alors, Takeji n'est peut-être pas notre père ?

— C'est une possibilité qu'on ne peut pas écarter… »

J'ai évoqué le visage de Takeji et son allure.

« Au fait, est-ce qu'on peut dire qu'on se ressemble, nous deux et Takeji ?

— Moi, j'ai plutôt l'impression qu'on ne se ressemble presque pas ! »

Takeji éclatant sans retenue d'un rire franc. Cet abandon ne se retrouvait ni chez maman ni chez papa. Eux avaient un rire plus cynique. Comme s'ils étaient fiers de faire fi du monde.

Ryô était pareil. Il avait une expression qui rejetait le monde, et c'était cela qui attirait les filles. Ryô ressemblait à maman. Un visage féminin, disait toujours Nahoko. Chaque fois qu'elle disait ça, Ryô prenait un air fâché, mais elle se contentait de répéter avec nonchalance « un visage de fille ».

Ryô et moi, nous ne nous ressemblons pas beaucoup. En mettant côte à côte maman, papa et Ryô, on voyait tout de suite qu'ils faisaient indéniablement partie de la même famille, mais si je m'ajoutais à l'ensemble, cette impression se diluait.

« Dans ces conditions, cela voudrait dire que maman fréquentait un autre homme que Takeji ?

— C'est une possibilité qu'on ne peut pas écarter », a dit Ryô, répétant les mêmes mots que tout à l'heure.

Mais alors, qui est-ce que ça peut bien être ? Chaque fois que je croyais trouver, je n'arrivais pas à mettre un nom sur un visage. J'ai poussé un soupir. Il m'a semblé qu'il était vain de réfléchir. Je sentais la chaleur du corps de Ryô près de moi. J'ai laissé pendre ma main, la sienne s'est approchée aussitôt. Les secousses du taxi déplaçaient ma main vers celle de Ryô. J'ai pensé qu'il suffirait d'une nouvelle secousse. L'extrémité de mes doigts a frôlé ceux de Ryô. Mon index tremblait. Je regardais droit devant moi, m'efforçant de ne pas penser à mes doigts. Le taxi a eu un petit soubresaut, mes doigts se sont séparés de ceux de Ryô. Je me suis sentie soulagée. En même temps, j'ai eu un serrement de cœur. Je pouvais entendre les battements de mon cœur. Mes oreilles étaient brûlantes.

Je voulais briser quelque chose. Mais je n'ai rien détruit. J'ai pensé que ce n'était pas le moment. Un jour viendrait où ce serait possible. J'en étais certaine. J'en avais le pressentiment.

Est-ce que nous sommes de la même famille ?

Dans la mesure où nous sommes ensemble depuis l'enfance, nous formons une famille, non ? Voilà ce qu'avait dit Ryô dans le taxi ce soir-là. Dans ces conditions, Ryô et moi qui sommes ensemble dans cette maison en 2013, peut-on dire que nous constituons une famille ?

« Oui, une famille, ou plutôt des gens plus très jeunes qui s'appuient l'un sur l'autre ! a dit Ryô en riant.

— Qu'est-ce que tu racontes, nous ne sommes pas encore vieux ! Papa se fâcherait s'il t'entendait. Takeji aussi d'ailleurs. Qu'est-ce qu'on pourrait dire d'eux alors ! »

Je me suis soudain risquée à proposer :
« Tu crois qu'on devrait faire un test ADN ? »
— Un test ?
— C'est toi qui as dit ça une fois, parce qu'on ne pouvait pas savoir si on était vraiment les enfants de Takeji.
— J'ai dit ça, moi ?
— Oui. Je ne l'ai jamais oublié.
— Vérifier, mais pourquoi ? »
Je n'ai rien pu répondre. Tout simplement parce que j'avais toujours évité de réfléchir pour de bon à cette question.
Tout de même, la chaleur cet été a été torride. J'ai fait grimper sur le mur un luffa. Il a donné trois petits fruits. Quand ils auront grossi, j'ai l'intention de faire de l'eau. Ryô n'en revient pas. Maman en fabriquait, de l'eau de luffa. Elle affirmait fièrement qu'elle pouvait obtenir presque deux litres avec le luffa du jardin.
Les soirs d'été, Ryô et moi, nous nous allongeons côte à côte sur le lit. Vers trois heures du matin, lorsque le thermostat du climatiseur s'arrête et que la chaleur me réveille, je m'étonne de voir Ryô dormir à mes côtés, étendu de tout son long. Moi qui trouve naturel de sombrer dans le sommeil, je suis toujours étonnée quand je me réveille la nuit en découvrant Ryô endormi à mes côtés. Je ne m'habituerai jamais à la présence de Ryô dans la nuit.
J'effleure son épaule. Il porte un vêtement sans manches et la sueur a refroidi la peau.

Je remets le climatiseur en marche et je ferme les yeux. Le visage de Ryô surgit derrière mes paupières, son visage d'écolier, de collégien, quand il venait d'avoir vingt ans, enfin celui qu'il avait peu avant la mort de maman.

Jusqu'à ce que nous vivions de nouveau ensemble, les occasions de nous retrouver tous les deux seuls depuis la fin du collège avaient pour ainsi dire disparu. Le temps passé dans le taxi, le soir où Takeji nous avait appris qu'il était notre père. Les rares fois où nous restions à la maison pendant que maman et papa étaient sortis. Quand par hasard nous nous retrouvions dans le même train en rentrant de cours. Un soir où nous étions allés écouter du jazz. Nous vivions sous le même toit mais les occasions d'être ensemble étaient rarissimes.

Maman comprenait sûrement mes sentiments. Ceux de Ryô aussi. L'eau de luffa était onctueuse. La manière dont elle dosait la glycérine était précise. Vainement, je regrettais de ne pas lui avoir demandé sa recette, il était trop tard à présent, maman n'était plus là. Les regrets devenaient concrets. Ce n'était pas une affaire de sentiments, c'était dans la vie de tous les jours, un regret suivait l'autre.

Quand j'ai su que Takeji était mon père, je me suis éloignée de lui, à la différence de Ryô. Ils se voyaient régulièrement. Mais je ne l'ai su que bien plus tard. C'est papa qui me l'a dit par inadvertance.

« Ils se voient si souvent que ça ?

— Non, tous les six mois, je crois. »

Papa avait répondu avec réticence. Tu ressembles à ta mère, a-t-il murmuré, en me lançant de brefs regards. Quand je me fâche, il paraît que je ressemble à maman.

« Est-ce que tu es jalouse de Ryô et de Takeji ? » a demandé papa en relevant les coins de sa bouche. On pourrait penser qu'il sourit, mais il n'en est rien.

« Pourquoi devrais-je être jalouse ?

— Mais écoute, tu es en colère, non ? »

Je ne comprenais pas moi-même pourquoi j'étais furieuse.

« Pourquoi restes-tu avec maman, puisque vous n'êtes pas un couple ? »

J'avais posé la question d'un ton agressif. C'était la première fois que je lui parlais comme ça.

« Est-ce que tu as posé la question à maman ? »

Il avait de nouveau relevé les coins de sa bouche. Cette fois, il m'a semblé que c'était un sourire.

« Non, jamais.

— Tu devrais pourtant.

— Mais ça me fait peur. »

Papa a éclaté de rire. J'ai interrogé maman seulement à propos de Takeji. Est-ce que tu étais amoureuse de lui ? Si tu l'aimais, pourquoi est-ce que tu ne l'as pas épousé ?

Je ne sais plus.

Telle a été la réponse de maman.

Il arrivait à maman de sortir seule, comme ça. Quand nous avons été grands, mais aussi quand nous étions petits. Où pouvait-elle bien aller ?

Mon père. Ma mère. Je m'amuse à énoncer ces mots parfois, intérieurement. Comme pour jouer avec eux.

En fin de compte, je ne suis pas devenue mère. Est-ce qu'un jour Ryô deviendra père ? J'aimerais bien voir l'enfant de Ryô. Lui ressemblera-t-il ? Aura-t-il un regard distant, courra-t-il vite ? Son sourire se fera-t-il grimace quand il cherchera à cacher sa joie, dont il aura honte ? Ses cheveux seront-ils brûlés par le soleil ? Est-ce que j'aimerai la femme qui mettra au monde l'enfant de Ryô ? Ou au contraire, est-ce que je la détesterai ? L'enfant ressemblera-t-il à maman ?

Tu sais, je n'ai jamais vu papa pleurer, disait maman parfois.

Du temps où je ne savais pas encore que papa et maman n'étaient pas un vrai couple, je demandais : « C'était déjà comme ça dans les premiers temps de votre mariage ? ». Quand j'ai su que papa était le frère de maman, j'ai modifié ma question. « Est-ce que papa est comme ça depuis qu'il est petit ? »

Quelle que soit ma question, la réponse de maman était toujours vague. Apparemment, elle ne savait pas.

Une chose en tout cas ne faisait pas de doute, il n'était pas facile d'appréhender les sentiments de papa. A un certain moment, j'en ai pris conscience.

Je me rappelle ce qui s'est passé à la mort de grand-mère.

Moi qui n'avais pas l'habitude des enterrements, je ne me rendais absolument pas compte de la très légère étrangeté de la cérémonie. Faisant face aux personnes venues présenter leurs condoléances dans la fumée de l'encens qui s'élevait sans discontinuer, papa et maman, assis côte à côte, s'inclinaient poliment. La plupart des gens les regardaient d'un air intrigué. Pendant que le prêtre lisait les sûtras, des bruits de conversations s'élevaient dans l'assistance qui avait peine à étouffer son excitation. Quant à moi, je me demandais si les cérémonies funèbres se passaient toujours comme ça.

« Les gens ont l'air de passer un bon moment ! » ai-je chuchoté à l'oreille de Ryô, qui a froncé les sourcils en me disant : « Je n'en suis pas si sûr. Tu es une idiote ! » En même temps, il a ajusté son uniforme et s'est tenu bien droit. Ryô était alors plus petit que moi, mais autour de lui flottait un air particulier, on sentait qu'il entrait dans sa pleine croissance.

J'ai remarqué que papa avait un sourire aux lèvres.

(Qu'est-ce que je disais, les obsèques, c'est un moment plaisant ! C'est toi, l'idiot, qui n'y comprends rien !)

La mort de grand-mère et le chagrin que je ressentais n'étaient en rien contradictoires avec le fait que la cérémonie ressemblait à une fête.

Les gens n'en finissaient pas d'avancer, la fumée de l'encens montait sans interruption, en même temps que la psalmodie des prières.

Cette fois-là, une vingtaine de personnes sont venues assister à la crémation. En attendant que grand-mère ne soit plus que des ossements, papa, maman, Ryô et moi sommes restés sur la pelouse au coin du parking.

« Ah, c'est étouffant, tous ces gens ! » a dit maman en passant la main dans ses cheveux courts, qu'elle a ébouriffés. Les petits cheveux de sa nuque ont voltigé.

Papa restait muet. Assis sur la pelouse, il avait son expression habituelle, impossible à pénétrer, les commissures des lèvres retroussées. Souriait-il, était-il renfrogné ?

« Il fait un temps vraiment agréable. J'aimerais bien mourir en pareille saison, mais évidemment, on ne peut pas passer commande ! » Je servais d'interlocuteur à maman qui n'arrêtait pas de parler, tandis que Ryô restait silencieux comme papa.

Bientôt, une annonce a retenti et nous avons marché tous les quatre vers le bâtiment, l'un derrière l'autre. Les ossements de grand-mère étaient dispersés sur une plaque argentée. L'urne ne serait remplie qu'à moitié. Elle était menue, c'est sans doute pour ça qu'il n'y a pas beaucoup d'ossements, a murmuré quelqu'un. Un employé nous a présenté l'os du larynx, nous nous sommes tous inclinés lentement.

« Pourriez-vous m'en donner un ? » a demandé papa alors que les ossements principaux étaient déjà rassemblés et que l'employé ramassait ce qui n'était plus qu'une fine poudre blanche.

On a entendu quelqu'un tousser. Je ne sais pas qui. Tenez, a dit l'employé à papa, tout en retirant de l'urne un petit fragment d'os, qu'il a déposé dans la paume de sa main.

« Est-ce que vous savez à quoi il correspond ?

— Non », a répondu l'employé à voix basse, en s'empressant de finir de remplir l'urne. Le plateau argenté était parfaitement lisse.

Nous sommes revenus au temple, pour la cérémonie des sept jours [5], nous avons pris un repas de convenance, puis, tous les quatre, nous nous sommes engouffrés dans un taxi.

« Dis-moi… a commencé maman au moment où nous allions arriver à la maison. Tu as pleuré, non ? a demandé maman du siège arrière en regardant du côté de papa qui était assis à côté du chauffeur.

— Non, a répondu papa en sortant de sa poche le petit fragment d'os.

— Ce n'est pas vrai, tu as pleuré quand on te l'a donné.

— Comment fait-on pour pleurer quand on est un être humain, je ne m'en souviens plus. »

Papa parlait entre ses dents, puis il nous a passé le petit fragment à tour de rôle. Ryô, moi, maman, tandis qu'il gardait les yeux fixés dessus. L'os était d'une couleur rosée, comme si on l'avait teint. Il aura sans doute réagi à un produit chimique au moment de la crémation, avait expliqué l'employé à papa. C'est vraiment joli, a dit maman d'une voix très douce.

Quand maman est morte, papa n'a pas pleuré non plus.

AUTOUR DE L'ANNÉE 1986

En fin de compte, on naît et c'est comme si dès la naissance on était abandonné au milieu d'une immense lande blanche.

Ryô m'avait dit ça un jour.

Je ne sais plus si nous étions encore étudiants, ou si c'était après la mort de maman.

La mort de maman est comme la borne de ma mémoire. Ça, c'était avant la mort de maman, ça, c'était après sa mort. Cela me sert de repère quand je veux vérifier quelque chose.

« Une lande blanche, qu'est-ce que c'est ? »

Ryô a hésité, comme s'il cherchait ses mots, mais bientôt il m'a répondu :

« C'est comme une étendue d'herbe sans aucune protection contre les intempéries, totalement exposée au danger, un lieu abstrait, flou, indiscernable… »

Dans une lande blanche où il n'y a rien, Ryô et moi nous tenons debout, seuls au monde… C'est depuis qu'il m'a dit ça qu'il m'arrive de temps à autre d'évoquer ce paysage. Au moment d'essorer un chiffon pour nettoyer le couloir, quand on me téléphone pour le travail et que je viens de raccrocher, la seconde qui suit immédiatement, quand je vois de la fenêtre du train les massifs d'azalées en fleur sur le talus le long de la voie ferrée, lorsque je ne sais plus comment sortir de la foule, l'image de la lande m'apparaît alors.

La lande blanche change peu à peu d'aspect avec le temps qui passe. Au début, il n'y a vraiment rien, une lumière aveuglante enveloppe tout... La lumière est si éblouissante que le champ visuel est comme plongé dans l'obscurité – c'est une lande qui s'étend sans limite. Bientôt, à l'horizon, une immense ombre inconnue fait son apparition, puis s'efface, l'eau monte légèrement, se retire, l'ensemble se contracte puis se dilate, la lumière perd de son intensité pour faire place à l'aube puis à la tombée du jour, encore une fois, la lumière s'éteint, un arbre pousse, devient une forêt qui recouvre la lande, puis un jour, soudain, tout disparaît, et de nouveau la lande blanche et parfaitement horizontale reprend sa place.

Ma tête est remplie de la vision d'une étendue d'herbe en été, a noté Ryô sur un bout de papier qui est resté fixé au mur de son ancienne chambre, pour l'heure hermétiquement close.

Qu'est-ce que ça veut dire ? ai-je demandé. C'est un haïku de quelqu'un qui s'appelle Takaya Sôshû, il est bizarre mais il est beau, tu ne trouves pas ? a répondu Ryô. Puisque la chambre était utilisée, cela veut dire que c'était avant que maman ait un cancer. Quant à l'étendue d'herbe qui figurait sur le bout de papier et la lande blanche dont Ryô parlait, je n'arrive pas me rappeler s'il y avait un rapport entre les deux, et je n'ai jamais cherché à vérifier. Il va sans dire que le papier a disparu, je ne sais quand.

Je croyais que c'étaient maman ou papa qui nous parlaient du passé.

Mais un beau jour, c'est Ryô et moi qui en sommes venus à parler des choses passées, à notre tour.

Il y avait à Shinjuku un grand magasin d'alimentation qui s'appelait Nikô. Ryô devait être encore au collège. C'était Nahoko qui me l'avait fait connaître.

« C'est pas cher du tout. On peut acheter plein de choses. C'est là que je fais l'approvisionnement des stands au moment de la fête de l'école. »

Nahoko qui fréquentait un établissement privé à Tôkyô y avait, semble-t-il, fait des achats à plusieurs reprises. Ryô et moi, nous allions parfois avec maman dans un grand magasin. Tantôt pour acheter des vêtements, tantôt pour la fête des morts ou les achats de fin d'année, ou encore pour choisir une écharpe pour papa. Quand nous en avions fini avec nos courses, nous allions déjeuner au restaurant du grand magasin où nous avions l'habitude de commander des langoustines frites.

Quant à Nikô, s'il portait le nom de « grand magasin », il était en fait spécialisé dans les produits d'alimentation. Poussés par la curiosité, Ryô et moi avons suivi Nahoko en nous demandant quel endroit cela pouvait bien être. En chemin, nous avons remarqué des hommes assis par terre qui portaient des bandages éclatants de blancheur et qui avaient les yeux fixés sur nous.

« Qui sont ces gens ?

— Ils ont sûrement perdu une jambe à la guerre », a répondu Nahoko d'un ton mal assuré.

Nikô se dressait à l'emplacement de l'actuel bâtiment Alta. Des hommes en chemise blanche aux manches retroussées, des vieux mal rasés, partaient avec à bout de bras de grands sacs de légumes secs.

« Ils tiennent tous des commerces, vous savez, a expliqué Nahoko.

— Des commerces ?

— Par exemple des snack-bars, des *estaminets*… »

J'entendais ce mot pour la première fois.

« Une fois, ton père m'y a emmenée. Avec ma mère, a dit Nahoko avec nonchalance.

— C'est quel genre d'endroit ?

— On y boit de l'alcool. »

A Shinjuku, Masuko avait pris un cocktail de couleur bleue, papa un liquide transparent dans lequel flottait une olive, et Nahoko un jus de citron vert.

« Tu n'as pas bu d'alcool ? »

A la maison, on nous laissait boire de la bière. A l'occasion du Nouvel An ou d'un anniversaire, maman remplissait de bière notre verre, proclamant à qui voulait l'entendre qu'il fallait que nous apprenions à tenir l'alcool.

« Bien sûr que non ! » a répondu Nahoko, mais plus tard elle m'a avoué en douce qu'elle avait bu environ le tiers du cocktail de sa mère.

Autour du grand magasin Nikô flottait une odeur différente de celle du grand magasin où nous avions l'habitude d'aller, qui n'était pas non plus celle de la maison de Suginami. Il m'a semblé qu'elle avait une similitude avec l'odeur très particulière du quartier Ameyoko[6] près de la fabrique de papier.

« D'après votre père, l'atmosphère de l'après-guerre est encore très sensible dans ce quartier. »

Nous avons acheté une douzaine de bonbons au Coca-Cola et deux énormes sachets de petits biscuits salés. Maman a eu l'air surprise quand nous sommes rentrés et elle a dit en s'emparant des amuse-gueules :

« Je sais bien que j'aime ça, mais la prochaine fois, achetez ceux qui sont en boîte et qui viennent de Niigata. Les autres ne sont jamais assez piquants à mon goût. » On voyait tout de suite que notre cadeau ne lui faisait pas plaisir.

« Je ne m'en souvenais pas du tout, a dit Ryô en secouant la tête. A cette époque, on allait plutôt à Kichijôji, non, plutôt qu'à Shinjuku. Il y avait des tas de magasins chouettes et mal éclairés. Garandô, ou Manchara. Du côté des endroits éclairés, il y avait Boga. Au fait, est-ce que tu es allée au Blue Zone ?

— Non, je ne connais pas. »

Ryô s'est mis à rire. « C'est vrai, je te l'avais caché ! A partir du lycée jusqu'à ce que j'aie fini la fac, j'allais un peu partout.

— Pourquoi tu ne m'as rien dit ?

— Mais écoute, en général on ne dévoile pas le nom des lieux où on a ses habitudes ! »

J'ai contenu un rire, parce que je croyais que le style de vie d'un lycéen ne laissait pas place à un endroit attitré, mais à y bien penser, ce n'était pas forcément des endroits où on sert de l'alcool, c'était simplement un de ces lieux tranquilles où on peut boire dans un coin une tasse de café, ce genre de cafés qu'on trouve partout et où on peut rester des heures autour d'une seule consommation.

Et tu sais, au Blue Zone, il y avait plein de jolies filles, même il y en avait une qui était mannequin. C'est là que j'ai fait la connaissance de Nahoco.

Il y avait bien sûr des étudiants, mais aussi des employés, des gosses trop mûrs pour leur âge, de ceux qui sont tout juste au collège mais qui viennent déjà au café, ouais, c'était vraiment un drôle d'endroit. Il n'avait pas d'horaires réguliers, le café ouvrait quand la patronne faisait son apparition, une petite femme maigre avec les cheveux ramassés en boule sur le crâne, habillée en jean et chemisier à fleurs [7]. On servait du saké, du café et du thé. Je me rappelle que Nahoco aimait le thé russe, avec de la confiture à la place du sucre.

Quand on poussait la porte, il fallait se baisser tellement c'était bas, il faisait sombre à l'intérieur, même en plein jour, et à l'extrémité d'un petit comptoir à droite de la porte, se tenait la patronne. Au milieu de la salle au plafond aussi bas que la porte, il y avait si je ne me trompe un mannequin sur lequel on avait peint, mais il faisait si sombre qu'il était impossible de distinguer ce qui était dessiné.

Au comptoir où on ne pouvait s'asseoir qu'à trois s'était calé un client qui était venu seul, et les quelques tables au fond étaient en fait des tonneaux métalliques. Plusieurs groupes d'étudiants étaient assis autour et discutaient sans fin de choses apparemment complexes mais qui n'étaient en réalité que des histoires sans importance, leurs visages se touchaient presque. Je ne sais pas pourquoi mais tout le monde se donnait du *mon petit par-ci*, *mon petit par-là*, moi, c'était Ryôchan, Nanaco, Nanachan, Yamadachan, Takagichan, je ne pouvais pas m'empêcher de trouver bizarre de faire suivre le nom de *chan*, mais je sentais que dans le cas de ce café, cela avait sûrement un sens.

On nous appelait les Atones[8], ou encore le Nouveau Genre Humain, pas vrai ? Je détestais ces étiquettes, mais en réalité, cela ne recouvrait rien, nous étions vides, dès le début. Et toi, Miyako, comment tu ressentais tout ça ?

Vide.

Je n'avais jamais pensé à moi-même à l'aide de ce mot.

Maman était toujours pleine de quelque chose. Ce qui fait que je m'imaginais que je l'étais aussi.

Je continue à évoquer le passé. Tout au bout de la rue principale de Kichijôji, il y avait une librairie, la librairie Unita. Je n'y suis jamais allée avec Ryô, mais je savais qu'il la fréquentait de temps en temps et j'avais eu envie de la connaître.

C'était une petite boutique mal éclairée.

A côté, il y avait Bambi, où je suis souvent allée avec mon copain quand j'étais à l'université. On pouvait avoir un hamburger, du riz et un bol de *misoshiru* pour trois cents yens. On servait sur une plaque de fonte le hamburger surmonté d'un œuf, avec du maïs comme garniture et une généreuse portion de spaghettis. Le riz était servi sur une assiette à part, généreusement lui aussi.

J'avais toujours faim. Même en mangeant à satiété chez Bambi, je sentais un vide au creux de l'estomac.

Vide.

Etait-ce vraiment ça ? Si toi aussi tu avais faim, était-ce à cause d'un vide au plus profond de ton corps ? Maman et papa étaient-ils vides, eux aussi ? Est-ce que pendant la guerre, les bombes qui avaient été lâchées sur Tôkyô étaient tellement bourrées à l'intérieur qu'elles n'avaient pas laissé le moindre espace pour autre chose ?

« Tu n'as pas ce genre d'idées, que les choses ont dû se passer comme ça ? a dit Ryô.

— Qu'est-ce que tu entends par *comme ça* ?

— Nous ne sommes pas constitués de la signification que revêtent les événements, les choses qui se sont passées. Nous existons simplement au gré de ce qui nous arrive, nous sommes ce que nous sommes par hasard (ça aurait pu être autrement, c'est tout), pas la peine d'aller chercher plus loin, non ?

— Alors, ce qui est arrivé n'avait pas de sens ? »

J'ai regardé Ryô d'un œil mauvais. Je me suis dit que cette conversation risquait de mal tourner, il ne fallait pas poursuivre. Une boîte qu'il ne faut pas ouvrir. Cette boîte, c'est Ryô et moi qui l'avions confectionnée soigneusement, de nos propres mains, et par-dessus le marché, elle devait être ornée d'un ruban élégant… Et nous étions maintenant en train d'y toucher.

« Pourquoi veux-tu qu'il y ait un sens à tout ça ? D'ailleurs, comment pourrait-il y avoir le moindre sens ? » a dit Ryô entre ses dents.

La boîte existe-t-elle encore ? La chambre de Ryô était restée fermée, tout comme cette maison qui n'avait pas été ouverte pendant longtemps. Et dans la boîte, de même que le tic-tac de l'horloge avait continué à marquer le temps, restait-il quelque chose, comme un chant, qui scandait le temps ?

Shôwa. Il m'arrive encore d'être à deux doigts de prononcer ce mot.

Maman est morte pendant l'ère Shôwa. Plusieurs années après, l'empereur est mort, le nom de l'ère a changé, et plus de vingt ans ont passé depuis que nous vivons à cette époque qui a pour nom Heisei, mais je n'arrive pas à le réaliser vraiment. Pour le calendrier occidental, nous sommes en 2013, et c'est ce chiffre, ce 13, qui correspond en moi à la longueur de l'ère Heisei.

L'été où nous avons su que maman avait un cancer, peut-être que le temps s'est arrêté pour moi. Le temps a sûrement dû recommencer à couler, mais le temps qui passe est parallèle à celui qui s'est arrêté parce qu'il a été interrompu, suspendu, et il continue de m'habiter.

Cet été-là, un oiseau chantait souvent le soir. Un cri bref et sourd.

Un chien gravissait un sentier de montagne escarpé. Le présentateur expliquait que c'était un chien sauveteur. J'étais en train de préparer le dîner de maman. C'était avant d'apprendre qu'elle avait un cancer, mais elle se trouvait dans un état d'extrême fatigue. Pourtant, elle s'obstinait à refuser d'aller à l'hôpital.

« Ça mène à quoi de connaître le nom de la maladie qu'on a ? Quand on meurt, on meurt, voilà tout. »

Elle parlait d'un ton ferme, mais j'avais du mal à préparer le repas. « Je ne veux à aucun prix qu'un repas soit perdu ! » Maman qui disait naguère : « Je refuse de manger ce que tu me prépares, Miyako ! »

Tandis que je maniais le couteau d'une main malhabile, j'ai entendu l'annonce d'une nouvelle exceptionnelle. Maman regardait la télévision, allongée sur le canapé. Elle s'est écriée : « Mon Dieu ! »

Qu'est-ce qu'il y a ? Tout en essuyant mes mains mouillées sur mon tablier de cuisine, je me suis mise devant la télé à côté de maman. Les radars avaient perdu la trace d'un avion de la JAL parti de Tôkyô à destination d'Osaka, le vol 123. On a perdu la trace du vol 123 à destination d'Osaka… On diffusait l'information, encore et encore.

« Qu'est-ce qui a bien pu se passer ? » a murmuré maman, très vite. Plutôt que la voix de maman, il m'a semblé que c'était grand-mère qui parlait. En effet, le ton n'était pas celui auquel j'étais habituée. Grand-mère avait un débit bien plus rapide que maman. Papa avait déclaré une fois que c'était la manière de parler des natifs de Tôkyô : « Je me suis souvent fait gronder par cette voix coupante, sèche comme une trique ! »

Le journal de dix-neuf heures avait pris fin, mais les informations continuaient d'affluer. Le mont du Nid de l'Aigle, voilà un nom bien tourmenté ! a déclaré maman d'un ton pénétré le lendemain, quand on a pu déterminer l'endroit de la catastrophe. Ce n'était déjà plus le ton de grand-mère. Le cancer dont elle était atteinte avait sans doute déjà commencé à développer des métastases dans tout l'organisme.

Maman en est venue à prendre ses repas sur le canapé. La plupart du temps, elle portait les aliments à sa bouche d'un air dégoûté.

« J'ai fait de mon mieux, pourtant », disais-je.

Maman reniflait avant de laisser tomber : « Tu sais, les efforts et les résultats ne vont généralement pas de pair. »

C'est terrible, hein, cet accident en Union soviétique !

Comme si elle parlait d'un parent ou d'un proche, maman a tenu ce propos tranquillement, du lit où elle était couchée.

Après son hospitalisation, elle s'est mise à lire le journal avec assiduité. Elle à qui on avait donné le sobriquet de droguée des caractères imprimés, tant elle aimait les livres.

« Il n'y a plus guère de livres qui m'intéressent à présent. » On avait beau lui acheter des livres du genre *mystery*, des essais d'écrivains qu'elle aimait, elle ne les feuilletait même plus. En revanche, elle nous demandait de lui apporter les journaux.

« C'est lassant de lire toujours la même feuille, sois gentille de m'apporter d'autres journaux que celui que nous prenons. »

J'en suis donc venue à acheter au kiosque de la gare plusieurs journaux, même des journaux sportifs.

Maman ouvrait toujours à la page « société » et elle lisait soigneusement la rubrique nécrologique, comme s'il s'agissait d'un rite.

« Regarde, elle était plus jeune que moi ! »

Elle pointait le doigt sur une notice, le regard fixé sur moi. Elle était déjà au courant. C'était à l'époque où on discutait avec son médecin pour décider si on lui ferait de la radiothérapie. On nous avait expliqué que c'était moins pour soigner que pour essayer d'atténuer, ne fût-ce qu'un peu, les effets de la maladie.

Autrefois, j'ai lu une biographie de Marie Curie. C'est elle, je crois, qui a inventé le terme de radioactivité. Maman avait commencé à parler tout d'un coup. D'abord, je n'ai pas compris où elle voulait en venir.

A la fin du livre, on disait qu'elle avait eu une leucémie incurable, mais on ne parlait pas du tout du rapport avec le radium. C'est louche, tout ça. C'est vraiment terrible, ce qui est arrivé aux habitants de Tchernobyl ! Elle avait repris le ton qui faisait croire qu'elle parlait de proches.

J'ai enfin fait le rapprochement. Le traitement radioactif, Tchernobyl, Marie Curie.

J'en ai assez de l'hôpital, je ne veux plus ! Tout est trop blanc ici. Tout est lisse, on n'a prise sur rien, a dit maman à voix basse. A peine hospitalisée, elle ne pensait qu'à rentrer à la maison. Ici, tout est blanc, a-t-elle répété. Je me suis souvenue des mots de Ryô, une immense lande blanche.

« Dis-moi, qu'est-ce qui se serait passé si la guerre n'avait pas eu lieu ? » a demandé maman d'une voix grave, tandis que j'espérais que le crissement sec des journaux qu'elle pliait m'éviterait peut-être de répondre. Mais elle n'a pas renoncé à sa question.

« Moi, je serais sûrement devenue quelqu'un de bien ! »

Et elle a éclaté de rire. Cela faisait longtemps que je n'avais pas entendu son rire.

« Mais pour moi, il n'y a pas eu la guerre, et je ne suis pas pour autant quelqu'un de… de bien », ai-je dit.

Maman m'a dévisagée une nouvelle fois.

« C'est que les gens bien, honnêtes, convenables et tout et tout, ce n'est pas très intéressant. Ryô et toi, vous n'aimez pas ce qui est sans intérêt. Pas étonnant, puisque vous êtes mes enfants, à moi et à papa.

— Nous ne sommes pas les enfants de papa !

— Plus que les liens du sang, c'est l'éducation qui compte. »

Epuisée, maman s'est renversée sur son lit. Sa main a emprisonné la mienne. Je l'ai caressée doucement. La peau était sèche. Même sans maquillage, maman était toujours la même. Environ un mois plus tard, elle revenait à la maison.

Au moment où l'ère Shôwa prenait fin, je me trouvais sur le palier de l'immeuble.

Pour être plus précise, j'allais mettre le pied sur la première marche de l'escalier conduisant aux boîtes aux lettres.

Le jour n'était pas encore levé. La nouvelle année venait à peine de commencer, et le travail pour lequel j'avais demandé un délai fin décembre me donnait du fil à retordre. J'avais passé la nuit à dessiner et mes yeux étaient gonflés de fatigue. Des corbeaux croassaient. J'ai entendu le signal du passage à niveau du côté de la gare de Higashi-matsubara. J'ai songé à quel point était poignant le bruit des trains avant l'aube. Une fraction de seconde, j'ai failli penser à Ryô, mais je n'avais pas les idées claires, si bien que j'ai tout de suite renoncé.

Le journal à la main, j'ai monté l'escalier, machinalement, j'ai allumé la télé: toutes les chaînes diffusaient des émissions exceptionnelles.

Dans l'excitation de ma nuit blanche, je n'avais pas envie de retrouver mon lit. J'ai laissé la télé allumée, une musique funèbre retentissait, que mon oreille ne percevait en réalité qu'avec un décalage. J'ai ouvert la fenêtre, un bloc d'air froid est venu frapper ma joue et mon cou.

Parler avec quelqu'un, oui, je voulais parler à quelqu'un.

Mais qui ?

J'ai éprouvé le regret douloureux que maman ne soit plus là. Je n'avais presque pas ressenti de tristesse à l'idée qu'elle était morte, non plus que de chagrin après sa mort réelle. Et pourtant, quand je me disais qu'elle allait bientôt mourir, elle qui était encore en vie, ma tristesse était profonde. Plus que la mort proprement dite, éprouver du chagrin à la disparition de quelqu'un revient à être triste parce qu'on ne le verra plus, parce qu'on ne pourra plus parler ensemble.

Maman ! Je l'appelle. L'empereur Shôwa est mort ! Est-ce qu'il t'a rejointe ?

Et pourquoi veux-tu qu'il vienne par ici ? Pour commencer, je suis morte, moi, figure-toi, comment veux-tu que je te donne une réponse ? Si tu te sens triste à ce point, tu n'as qu'à boire du saké, trépigner, crier, hurler, faire du tapage, que sais-je !

J'ai regardé l'heure, il était près de midi. Comment avais-je passé le temps depuis l'aube ? J'étais sur le canapé, peut-être avais-je dormi. J'avais cru entendre la voix de maman, était-ce un rêve ? Etaient-ce les prémices des rêves que j'allais faire plus tard, quand Ryô et moi aurions commencé à habiter ensemble ?

Je me suis remise au lit et j'ai dormi profondément pendant un moment. Quand je me suis réveillée le lendemain, il était près de midi, le journal du soir ainsi que l'édition du matin remplissaient la boîte. Je n'avais pour ainsi dire jamais vu de telles manchettes, le journal était plié en huit. Les caractères qui formaient le titre *Décès de Sa Majesté l'Empereur* m'ont fait l'impression d'un délicat équilibre.

Quand Nahoko s'est mariée, j'ai été quelque peu surprise. Elle était censée avoir rompu depuis peu avec le garçon qu'elle aimait, et voilà qu'elle décidait de se marier au bout de deux mois à peine. Ce n'était pas un mariage arrangé, c'était un garçon qu'elle avait fréquenté autrefois, dont elle s'était lassée et qu'elle avait quitté.

« Quitté, quitté, ça ne sonne pas bien, a-t-elle protesté en riant.

— Mais écoute, c'est vrai, non ? »

C'est quelqu'un qu'on ne peut pas aimer jusqu'au bout. Je suis sûre que Nahoko m'avait dit ça. L'amour, il faut que ce soit jusqu'au bout, non ?

« L'envie de me marier m'est venue. J'ai eu l'impression que mon corps réclamait un enfant. C'est peut-être pour ça que je me suis mise à l'aimer aussi fort. »

L'homme en question, c'était celui qu'elle avait quitté. Alors, celui que tu vas épouser, tu l'aimes maintenant ? ai-je demandé, ce qui a fait rire Nahoko à nouveau.

« Enfin, Miyako, est-ce que tu ferais de l'amour le principe du mariage ?

— Qu'est-ce que c'est que cette histoire ? »

Nahoko n'a rien répondu. Elle s'est contentée de continuer à rire. Dans son expression, on pouvait lire comme de la commisération, si peu.

« Toi, Miyako, je suis sûre que tu ne te marieras pas !

— J'ai quelqu'un, tu sais. »

Il arrivait qu'un garçon s'éprenne de moi, pas souvent. Quand je suis avec l'un d'eux, c'est comme si on approchait de moi doucement une boisson chaude. Je ferme les yeux, je pose ma tête contre sa poitrine, j'entends les battements de son cœur. Je suis éperdue de reconnaissance.

« Mais tu ne l'aimes pas tant que ça ?

— Si, je l'aime.

— C'est vrai ? Parce que moi, je crois savoir qui tu aimes ! »

Je ne comprenais pas pourquoi elle disait ça. Mais à présent que maman n'était plus là, j'ai songé que Nahoko était la seule personne à pouvoir me parler ainsi. J'ai évoqué avec nostalgie le visage rieur de Nahoko. Elle était là mais j'éprouvais de la nostalgie. Le garçon qu'elle allait épouser était bien bâti, avec d'épais sourcils. Quand nous sommes allés boire ensemble, il me remplissait mon verre avant qu'il soit vide. Il commandait les mêmes choses que Nahoko.

« Quel genre de foyer souhaitez-vous construire ? » ai-je demandé. Pourtant, cela ne m'intéressait absolument pas.

« Un foyer plein de gaieté. »

Il avait répondu avec une simplicité naïve. Quand j'ai regardé Nahoko, elle m'a fait un clin d'œil. Je n'ai pas besoin d'être heureuse. Si on se marie avec un désir précis en tête, je crois que ça ne marche pas, disait Nahoko.

L'appartement du jeune couple, je ne sais pas pourquoi, avait une odeur agréable. Moi qui généralement ne m'habitue pas à l'odeur qui règne chez les autres, j'aimais celle de leur intérieur. A ce moment-là, je sortais avec un garçon que j'ai d'ailleurs quitté peu après, et j'ai vécu un certain temps avec un autre qui s'était mis à m'aimer. Nahoko venait de temps en temps passer un moment chez moi, à Higashi-matsubara, avec ses petits garçons.

Encore maintenant, il m'arrive de me rappeler mon premier baiser. En revanche, je ne me souviens pour ainsi dire pas de la première fois où j'ai fait l'amour.

J'ai été surprise de l'extrême douceur des lèvres. Je me figurais que le corps masculin était la dureté même. J'étais surprise de la souplesse de mes propres lèvres, troublée aussi. Seules les lèvres se touchaient, pourtant, j'avais l'impression que mon corps tout entier chavirait.

Je ne pouvais pas m'empêcher d'imaginer Ryô en train d'embrasser une fille. Quand elle aspirait la douce saveur de sa bouche, comment se pâmait-elle ? Quand j'introduisais ma langue, les garçons étaient surpris. Tout de suite, ils prenaient mon visage entre leurs mains.

J'avais du mal à respirer. Je ne sentais plus la douceur des lèvres. Il me semblait que la langue s'agitait comme une chose vivante. La langue étant une partie d'un organisme vivant, quoi de plus normal, mais je me demandais si elle était douée d'une vie propre. Pendant que je réfléchissais, mes yeux ont pris leur indépendance et j'ai vu ce qui m'entourait. C'était un parc, le soir, j'étais assise sur un banc à côté d'un garçon. Je ne savais plus pourquoi je me trouvais là. Non, en réalité, je le savais très bien. Nous avions pris le train jusqu'à la gare proche du parc, nous nous étions promenés, nous avions bu des sodas, en attendant qu'il fasse sombre. Attendre est bien faible pour parler de la tension qui nous envahissait, autant dire que nous étions aux aguets, guettant le moindre affaiblissement de la clarté du jour. C'était pour nous embrasser. C'était comme si nous complotions un crime. Sans un mot, sans savoir comment il fallait s'y prendre, nous nous cherchions en tâtonnant.

Tout ce tralala était-il indispensable pour réussir à joindre deux bouches ? J'ai senti sourdre la révolte en cours de route. J'ai réveillé au fond de moi l'amour, comme on ranime des braises. Le garçon a laissé échapper un cri sourd, sa gestuelle est devenue plus intense. Mes pieds étaient glacés. J'ai levé les yeux, la lune était dans le ciel. Semblable à un sourcil finement arqué.

J'ai eu la certitude que Nahoko, maman, grand-mère, toutes les femmes que je connaissais avaient connu la même expérience de leur premier baiser. Il m'a semblé que je ne faisais que reproduire les gestes les plus ordinaires, les gestes du commun des femmes. En les reproduisant était-il possible d'atteindre la pointe du sentiment ? Le cœur des femmes, le cœur de maman ?

Les garçons étaient tous gentils. Mais ils s'éloignaient de moi. Quand on me quittait, j'étais triste. Aussi triste que lorsque j'avais levé les yeux vers le croissant de lune.

Je n'ai jamais présenté aucun de mes amoureux à maman.

Tu veux le rencontrer ? m'est-il arrivé de demander à papa après la mort de maman. Je veux bien, si tu le souhaites. On boira ensemble, hein, a ajouté papa en souriant. Tous les trois, papa, le garçon avec qui je vivais et moi, nous avons pris un verre à plusieurs occasions.

C'est un garçon précieux, puisqu'il t'aime, Miyako, disait papa. Quand je lui ai annoncé que nous nous étions séparés, il a battu plusieurs fois des paupières. C'est rudement dommage ! C'était un type bien ! D'un ton qui n'exprimait pas vraiment de regret. Oui, c'est vraiment dommage, parce que je n'ai pas souvent des occasions comme ça, ai-je murmuré. Papa m'a longuement regardée.

« Il faut prendre un nouveau départ !

— Oui, mais…

— Tu as raison. Parce que ni moi, ni maman, ne l'avons fait », a dit papa d'un ton joyeux, en me donnant une tape sur l'épaule.

Papa savait-il, tout comme maman savait ? Que cet été-là, un oiseau poussait le soir un cri bref et sourd. Non, je fais fausse route en cherchant à faire porter la responsabilité de tout sur cet été-là. La question se posait depuis toujours, peut-être depuis que Ryô et moi étions venus au monde.

1986

A mon oreille retentit comme un tic-tac. D'abord je ne sais pas si c'est le bruit d'une horloge ou autre chose. Puis, peu à peu, ma conviction se renforce qu'il s'agit du tic-tac d'une horloge, mais à l'instant où j'en deviens sûre, le bruit redevient un autre bruit.

Devant moi, de petits grains brillants se mettent à voltiger et je prends conscience que je suis en état d'hypotension. Mon corps se refroidit, je ne sens plus l'extrémité de mes mains et de mes pieds.

Je ferme les yeux, et je vois apparaître une sorte de voile blanchâtre. Mes yeux qui sont fermés ne devraient pas le voir, mais j'ai beau m'efforcer de calmer les battements de mon cœur, la brume ne se dissipe pas.

J'ai l'impression de flotter, comme une feuille que le courant emporte. Je suis dans la maison, je me sens en sécurité. Je n'ai qu'à me laisser emporter. J'essaie d'appeler maman, mais le son qui sort de mes lèvres ne mérite pas le nom de voix.

Je reste allongée sur le canapé. Et je me laisse couler. Tandis que je suis emportée, je vois des fragments d'images. De mes yeux fermés.

Un homme est allongé sur le côté, le dos tourné.

Sur son dos nu, une chose pâle. Une main de femme. Les doigts sont repliés, on ne peut pas dire s'ils effleurent ou non le dos. Les ongles sont courts, dépourvus de vernis.

L'homme pousse un gémissement. La paume de la main a une légère pression. Les doigts se replient encore, et les ongles finissent par effleurer la peau. Puis ils descendent le long du dos, traçant une courbe douce qui peut sembler un motif.

Un pluvier, me dis-je.

« Je voudrais de l'eau », a dit maman.

Je suis allée chercher une bouteille d'eau minérale qui portait la mention « eau merveilleuse », un produit qui ne courait pas les rues autant que maintenant, j'ai rempli un verre que je suis allée poser à son chevet.

Elle s'est redressée, a tendu le cou et a bu d'un trait.

« Je ne sais pas pourquoi, mais je ne la trouve pas bonne. »

Peut-être sa langue était-elle un peu bizarre. Pourtant, elle ne prenait déjà plus de cortisone.

« Les prunes que j'ai mangées hier soir étaient excellentes, tu sais », a dit maman, comme si elle était mécontente de constater une dégradation de son goût.

Environ une heure plus tard, elle a de nouveau réclamé de l'eau.

« Apporte-moi de l'eau du robinet, cette fois.

— Veux-tu des glaçons ?

— Des glaçons faits avec l'eau du robinet ?

— Oui. »

Comme elle avait acquiescé, j'ai apporté sur un plateau un verre d'eau avec des glaçons. Le verre était tout embué. Maman l'a saisi, laissant la trace de ses doigts.

« Elle est bonne. Décidément, j'aime l'eau du robinet, cette eau un peu trouble », a-t-elle dit en riant. Son rire manquait de force, mais c'était bien le rire de maman. Mon cœur s'est mis à battre follement. Le verre qu'elle avait vidé en laissant la trace nette de ses doigts s'est de nouveau couvert de buée, il a fini par n'être plus qu'un verre ordinaire, transparent, où ne restaient que quelques gouttes.

Maintenant, la paume de la main saisit l'épaule de l'homme. Bientôt, elle se déplace vers le cou et entoure la nuque. L'autre bras s'allonge, et les deux paumes se rejoignent.

L'homme remue. D'abord avec hésitation, puis avec détermination.

La porte est fermée, mais la fenêtre est restée grande ouverte. Le voile de coton s'agite. Le vent qui venait de se lever a cessé tout de suite. Le dos de l'homme est mouillé de sueur.

Au loin, les stridulations des cigales.

Mais cela ne semble pas un bruit. On ne sent qu'une vibration, *shi*, *shi*.

Il m'est arrivé d'entendre la nuit les voix de papa et de maman.

La climatisation me donne des douleurs, disait maman. On laissait en marche un ventilateur avec un thermostat. De l'autre côté de la porte restée ouverte, les deux voix parvenaient jusqu'à ma chambre, comme en suspens.

La voix de papa était douce. Celle de maman aussi.

C'était peut-être la première fois que je les entendais parler ainsi à mi-voix. Par instants, comme on tombe sur la bonne fréquence à la radio, je pouvais saisir clairement des mots.

Si on n'a pas pris de chien…

Les photos en noir et blanc…

Il faisait un temps splendide, c'était…

Il avait de grandes oreilles…

Un harmonium ? Oui, mais…

Très vite, je n'entendais plus rien, et ce que mon oreille percevait n'était plus que des sons sans signification qui erraient dans l'air nocturne comme des bulles de savon.

J'ai fixé des yeux les motifs sur le mur. Ces petits dessins que Ryô et moi avons faits quand nous étions enfants. Une calebasse. Des fleurs de prunier et une grue. Un paysage de neige, la lune et les fleurs. Un éclair. Une hirondelle.

Quand me parvient la voix de maman, le sommeil m'envahit. Au fond de ma conscience sur le point de sombrer, j'ai pensé que si nous n'avions jamais eu de chien, c'était parce que maman n'en voulait pas. Mes pieds se sont réchauffés, ma peau qui sentait la moiteur de l'air s'est apaisée, et je me suis enfoncée dans le sommeil.

L'homme s'agitait comme un poisson vivace. Comment s'appelle ce poisson déjà ?

Un poisson sabre.

Oui, c'est ça, un poisson sabre. Avec des écailles argentées scintillantes, un corps long comme un obi qu'on déroule.

C'est sans doute la sueur qui brille sur son dos qui m'a fait faire le rapprochement. A moins que ce ne soient les ondulations amples et lentes de son dos qui font penser qu'un épais fil de métal passe au milieu de son corps.

Le bras qui lui entourait le cou s'éloigne, tâtonne dans le vide au hasard. Comme s'il cherchait à s'emparer d'une chose qui lui échappe.

Bientôt, le bras part à la recherche d'une chose à saisir. Il se tend, toujours plus loin. Il se fait enveloppant. Les doigts, la paume, le coin de la joue, la langue. Deux poissons sabres, un grand et un autre plus petit, s'emmêlent l'un à l'autre. Un rayon de soleil jaillit, inondant les draps de lumière.

« Je me demande si papa se retourne depuis toujours comme ça en dormant, avec une telle brusquerie ? »

Voilà ce que maman murmurait d'un air perplexe tandis que je lui apportais une omelette.

Du sashimi. Une omelette. Un bol de bouillon. Des noisettes. Du radis noir râpé pour accompagner le poisson. Des légumes passés à l'eau bouillante. Maman s'était mise à désirer une cuisine simple, des menus sans recherche. Elle qui avant adorait les gratins couverts de sauce béchamel, les salades à l'assaisonnement compliqué, les plats relevés.

« Papa se retourne la nuit ?

— Oui, il change plusieurs fois de position, avec de grands gestes. Le lit fait des bonds, et moi, j'ai même cru l'autre fois que j'allais sauter en même temps ! »

J'ai regardé les poignets de maman. Fins déjà, ils étaient maigres à présent, les os saillaient. Comme j'étais inquiète à l'idée de la laisser seule dans son bain, je me baignais avec elle. Et encore, rien qu'une fois par semaine, les autres jours, je lui passais une serviette chaude.

« Voilà comment la peau devient toute ridée, regarde, tous ces petits plis, comme de la soie gaufrée ! »

Elle regardait sa poitrine, ses bras, ses hanches. Puis elle s'est mise à rire.

« On dirait exactement le corps de grand-mère. Tu verras, Miyako, toi aussi, tu finiras par devenir comme ça. »

La peau de maman, sur laquelle rebondissaient naguère les gouttes, était fine et desséchée, elle faisait peine à voir. Mais sans doute ne voulait-elle pas que ce spectacle me fasse de la peine.

« Si tu veux, on peut lui demander de dormir sur un futon à part ?

— A papa ?

— Oui.

— Oh non, je me sentirai trop seule si je ne suis pas allongée près de lui. »

Jusqu'à la fin, papa a dormi à côté d'elle. Un grand lit, deux édredons. Tu comprends, papa a la manie de s'enrouler dans les couvertures, il tire tout de son côté, même les édredons ! disait toujours maman.

A présent, Ryô et moi dormons dans la même chambre, dans deux lits différents. Ils sont strictement alignés côte à côte pour ne faire qu'un grand lit, mais parfois un intervalle se creuse. Quand je jette un œil sur les draps tout en les changeant, je vois tomber une épingle ou encore un signet. Je pousse les matelas de chaque côté de façon qu'ils coïncident parfaitement, mais un intervalle finit toujours par se former.

Le visage de l'homme est douloureusement contracté.

Ce n'est peut-être pas la douleur qui le crispe ainsi, mais le plaisir…

(La douleur ou la jouissance ?)

(C'est la même chose.)

(Il ne faut pas réfléchir à la signification.)

(Parce que quelque chose s'échappera, ou au contraire quelque chose s'insinuera.)

La femme a le buste redressé et elle s'appuie sur ses avant-bras. Pour pouvoir bien regarder le visage de l'homme. Elle le regarde jusqu'à ce qu'elle en ait assez. Il n'y aura sans doute pas de prochaine fois.

Elle cesse son mouvement. Le visage de l'homme se tord davantage. Il crie. Il attire contre lui le corps de la femme. Elle ne peut plus voir son visage. L'homme presse le visage de la femme sur sa poitrine. Elle sent l'odeur de sa peau. Une odeur qu'elle connaît bien. Elle ferme les yeux. Pour bien savourer tout.

Le dernier pique-nique, c'était au parc de Koganei.

« Je veux aller dans un endroit où il n'y a pas d'eau, avait déclaré maman.

— Ça ne fait rien si nous n'allons pas au parc d'Inokashira, alors ? » a demandé Ryô. Maman aimait ce parc. Quand un couple prend un bateau, c'est qu'ils se séparent ! disait-elle toujours, en se précipitant vers une barque avec papa.

« J'ai l'impression que je vais me noyer. A présent, l'eau me suffit en tant que boisson », a-t-elle dit en rentrant le cou dans ses épaules avec un frisson.

Papa avait préparé un assortiment de boulettes de riz, Ryô s'était chargé de faire cuire des légumes, moi, de l'omelette et du poisson grillé. J'avais disposé le tout dans une boîte à compartiments et rempli de thé une grande bouteille thermos.

Ryô conduisait une voiture de location.

« Oh là là, comme tu conduis mal ! » a lancé maman. Elle était assise à l'arrière, le dos renversé sur le siège, une couverture souple étalée sur ses genoux, l'air épuisé, mais elle n'avait pas perdu sa langue.

« Si je comprends bien, je vais bientôt mourir ! » a dit maman. Au début, nous n'avons rien dit, mais à la troisième fois, papa a ouvert la bouche.

« Ecoute, arrête, ça suffit.

— Je veux bien, mais c'est dommage, parce que je me sens prête !

— Tu n'as pas besoin de te sentir prête ou non.

— Pour une fois que je peux décider dans cette maison !

— N'est-ce pas toi qui as toujours été le numéro un ? » a dit papa en riant.

Maman aussi a ri. Moi aussi. Ryô aussi.

« Ecoutez-moi, il ne faut pas avoir de regrets », a dit soudain maman en fixant son regard sur Ryô et moi. Elle était assise sur la toile cirée que nous avions étalée sur la pelouse.

Tous les quatre, nous avons gardé le silence. Le vent était agréable. On entendait au loin des voix d'enfants. Des chants d'oiseaux aussi.

« Ne pas avoir de regrets ? Qu'on fasse quelque chose ou qu'on y renonce? a répété Ryô sans conviction.

— C'est ça. Qu'on ait agi ou qu'on n'ait rien fait, il ne faut avoir aucun regret, voilà.

— Alors, tout revient au même, à la fin ?

— Pas du tout. Il n'y a qu'à vivre, tout simplement, et ne rien regretter. »

Il faut écouter attentivement les paroles de quelqu'un qui va mourir, a ajouté maman en portant une boulette de riz à sa bouche. Elle en a croqué un tout petit bout, qu'elle a soigneusement mâché. Les prunes salées sont délicieuses. Je n'ai pas perdu mon temps en les confectionnant. Sa voix n'était qu'un murmure. Ryô m'a jeté un regard. Je ne me suis pas tournée vers lui. Mais j'ai senti qu'il me regardait.

La femme ne s'attendait pas à ce que l'homme pousse un cri. Cela évoquait à s'y méprendre la voix qu'il avait quand il était petit garçon.

Dis ! Quand il était petit garçon, il avait toujours ce mot à la bouche. La femme se souvenait très bien de la voix câline.

Dis, joue avec moi, s'il te plaît, viens jouer !

La voix appartenait au passé. Comme ce n'était pas la voix actuelle de l'homme et qu'elle habitait seulement la mémoire de la femme, il était impossible de juger si les deux voix étaient de même nature.

Mais la femme évoquait la voix de l'homme au passé.

Elle ne se souvenait plus si elle avait accédé à sa demande de jouer avec lui. Elle se rappelait seulement la tonalité de la voix.

La voix qui vibrait la faisait frissonner. Que voulais-tu de moi autrefois ? Depuis quand désires-tu la même chose que ce que tu désirais depuis toujours ?

S'il te plaît, jouons ensemble. Il était candide. A ce moment-là, l'homme n'était encore qu'un enfant.

Papa a catégoriquement refusé de changer maman pour lui mettre la tenue dont on revêt habituellement un défunt.

« Mais qu'est-ce que c'est que cette histoire, vouloir m'imposer tout leur attirail funéraire, comme si ça allait de soi ! »

Les sourcils froncés, papa protestait.

« Je suis certain que maman n'a pas l'intention de passer le fleuve des enfers harnachée de la sorte ! »

Papa faisait preuve d'une grande fermeté devant l'employé des pompes funèbres. Celui-ci restait imperturbable. Je comprends. Oui, vous avez tout à fait raison. Je me suis demandé quels propos ironiques aurait tenus maman devant l'obséquiosité de l'employé.

Mais il faut bien que l'enterrement ait lieu, non ? Ryô est intervenu.

« Une cérémonie funèbre est-elle vraiment obligatoire ? » est allé jusqu'à demander papa. Maintenant, il n'est pas rare que les obsèques se déroulent en la seule présence de la famille, mais à l'époque de la mort de maman, organiser une cérémonie allait de soi, tout comme on allait se recueillir sur la tombe du défunt, tout comme on invitait les gens à se réunir.

« Je n'ai envoyé de faire-part à personne ! » avouera plus tard papa en riant.

« Le cercueil tout blanc, la pièce de monnaie pour le passeur du fleuve, maman se mettrait en colère rien qu'à en entendre parler ! » Papa était sûr de ce qu'il avançait. Si bien qu'il n'y eut aucun rituel pour apprêter maman.

« Tout de même, je crois qu'elle aurait aimé qu'on lui mette sur le front le triangle des âmes mortes [9]. »

Cela aussi, papa l'a déclaré plus tard.

Je croyais qu'un enterrement se déroulait dans la solennité, mais il y avait tant de choses à faire que je n'ai presque pas eu le temps de me recueillir pour penser à maman.

J'ai pleuré un peu pendant la récitation du sûtra. Je n'ai presque pas regardé maman allongée dans son cercueil.

« Si vous voulez bien saluer la défunte pour la dernière fois », a dit le maître de cérémonie. A peine avait-il terminé sa phrase que papa a bondi et lui a arraché le micro des mains.

« Non, c'est inutile ! » a crié papa dans le micro. On en parlait encore longtemps après. Vraiment, il manque totalement de bon sens ! Tout le monde s'accordait pour le blâmer. Takeji a été le seul à saluer son courage.

« Jamais elle n'aurait voulu qu'on vienne comme ça regarder son visage dans la mort, ça ne fait aucun doute », a dit Takeji en tapant plusieurs fois sur l'épaule de papa, tandis qu'ils buvaient ensemble pour essayer d'apaiser la tension de leur esprit. A la fin, ils étaient complètement ivres. Leur cravate noire était toute maculée de saké, inutilisable à jamais.

La femme a songé qu'elle voulait que l'homme prononce son nom.

Miyako.

Oui, elle voulait que la voix de l'homme l'appelle.

Elle a entouré de ses bras le dos de l'homme. Ses paumes ont caressé les muscles. Le dos était doux et tiède. Non, il était brûlant.

L'homme est en moi. Pourquoi ai-je l'impression que c'est son corps tout entier qui m'a pénétrée ?

Je prononce son nom. La voix de la femme parvient-elle à son oreille ? L'homme a d'abord un mouvement ample, qui devient de plus en plus précipité.

Je me demande quel sens donner à notre acte. A l'instant où cette question m'effleure, je renonce à penser, pour me donner tout entière à mes sensations.

En arrière-plan, le long moment où je m'interdisais de réfléchir s'est aplani. Je ne dois pas penser, il ne faut pas. C'est ce que je m'efforçais de penser. Et voilà que le simple fait de mettre deux corps l'un sur l'autre efface l'entrave, qui vole en éclats.

Prononce mon nom, s'il te plaît, dis Miyako, demande la femme.

J'ai laissé échapper l'instant où maman a rendu le dernier soupir.

A moins que la mort, au lieu de survenir à un instant précis, soit comme un fil que la vie continue de dévider jusqu'à ce qu'il devienne de plus en plus ténu à force de s'étirer et finisse par se rompre.

Même quand la respiration s'est transformée en râle, je ne savais pas à quel moment elle pénétrerait dans la mort. J'avais l'impression que c'était déjà quelqu'un d'autre qui se trouvait là, ce n'était plus maman, mais quand je lui ai pris la main, c'était la main qu'elle avait encore la veille, ses poignets maigres avaient les mêmes contours auxquels il m'avait fallu des mois pour m'habituer, ils n'avaient pas changé.

La main de papa serrait celle de maman. Appelez-la, parlez-lui, a dit le médecin. Maman, maman, maman. Nos trois voix se mêlaient. Comme dans un écho.

Maman a ouvert les yeux. Puis elle les a fermés. Le pouls qui ce soir-là battait dans notre corps, comme il était différent de celui qui battait dans le corps de maman sous nos yeux ! Le temps qui avait fait d'elle ce qu'elle était à présent me transformerait un jour de façon identique, transformerait Ryô.

Maman n'a plus rouvert les yeux. Takeji n'est pas arrivé à temps. Avec douceur, il a caressé le front de maman qui déjà ne respirait plus.

Maman qui était encore tiède s'est progressivement refroidie. Je voulais saisir minutieusement l'évolution du changement. Toutes les cinq minutes, je touchais son visage. Quand j'ai humecté ses lèvres avec une gaze humide, quand papa s'est refusé à lui passer l'habit funéraire, quand on lui a appliqué une touche de fard, à chaque moment j'effleurais son visage.

Je ne crois pas à l'existence de l'âme, avait dit maman.

Quand on meurt, c'est fini. Mais vous savez, âme ou pas, je continuerai à penser à vous. Papa, Miyako, Ryô. Au fait, et Takeji ? Eh bien, j'ai dans l'idée que je ne penserai pas beaucoup à lui. C'est qu'il ne fait pas partie de la famille, lui !

Quand je serai morte, je vous demande d'éprouver une immense tristesse. Avoir perdu quelqu'un d'aussi aimable, c'est vraiment une perte pour l'humanité, une immense perte ! Hein, n'oubliez pas de le dire !

« Je vous demande pardon de ne pas vivre plus longtemps. »

C'est ce que maman a dit la veille de sa mort.

« On peut décider de la façon dont on vit, mais pour la façon de mourir, apparemment, c'est impossible. J'ai un petit peu de mal à l'accepter. »

Miyako ! Encore aujourd'hui, la femme se prend parfois à faire revivre la voix qui l'appelle. Son oreille l'entend.

Miyako.

Ryô.

Les soirs de cet été-là, ils s'appelaient mutuellement.

Je me rappelle la fin, mais le commencement, je n'y arrive pas, car c'est trop pâle et flou.

Comment nos corps se sont-ils rapprochés ?

Comment nos lèvres se sont-elles jointes la première fois ?

Comment nous sommes-nous dévêtus ?

Quand nous avons commencé, toute hésitation s'est envolée. Cela m'était égal que maman nous entende. Ou papa. Mais nos voix étaient imperceptibles. L'excitation que nous ressentions au cours de l'acte ne nous faisait pas crier. Seul le lit grinçait. J'ai songé que le cri de l'oiseau et le grincement du lit se ressemblaient. On entendait distinctement les bruits du dehors. C'était comme si les oiseaux, les cigales, les insectes dans l'herbe, tout ce qui vivait dans le jardin criait de la même voix.

Le corps de l'homme était sur la femme, longtemps ils sont restés enlacés, leurs membres emmêlés, changeant parfois de position, et quand ils sont arrivés en même temps au comble du plaisir, on n'entendait plus le moindre cri. Seul le tic-tac d'une pendule marquait le temps.

Une semaine environ avant la mort de maman, nous avons eu une conversation tous les trois, maman, papa et moi.

« Est-ce qu'il n'y a pas quelque chose que tu voudrais nous dire, je ne sais pas, moi… a demandé papa. Toi aussi, Miyako, écoute bien, parce que ce genre de choses, il vaut mieux les écouter ensemble. Après tout, rien ne dit que je ne vais pas perdre la mémoire ! » a dit papa en riant. Maman aussi a ri une seconde.

« Je voudrais de l'eau », a réclamé maman comme d'habitude, si bien que je suis allée lui en chercher. Elle s'est contentée d'en boire une gorgée, puis elle a demandé : « Pourquoi ne verses-tu pas une seule larme ? » en regardant papa droit dans les yeux.

« Tiens, tiens, tu n'as rien à nous dire, mais tu poses une question !

— Oui, c'est vrai. Ce que je veux vous dire, je l'ai déjà dit dans l'ensemble. »

Papa est resté un moment pensif. Ses narines palpitaient.

Les sourcils froncés, maman a dit : « Mais qu'est-ce qui te prend ?

— Mon nez me chatouille.

— Comment ça ?

— C'est parce que je ne sais pas quoi répondre.

— Alors, essaie de pleurer, là, tout de suite.

— N'importe quoi !

— Puisque je vais mourir, tu devrais pouvoir pleurer, non ? »

Décidément, maman était égale à elle-même, toujours à vouloir forcer les gens. Papa s'est concentré. Son visage s'est contracté bizarrement. De nouveau, il a grimacé en remuant le nez. L'espace d'une seconde, maman a failli dire quelque chose, mais elle s'est ravisée.

« Je n'y arrive pas. »

Papa a poussé un soupir.

« Tu as perdu la faculté de pleurer, c'est sûr », a dit maman. Elle a encore bu de l'eau. Curieusement, elle qui n'avalait presque plus rien a bu d'un trait un quart du verre.

« C'est très bien. Me voilà rassurée, maintenant que je sais que tu ne pleurnicheras pas à ma mort, parce que vraiment, ce serait ridicule, n'est-ce pas ? a dit maman en jetant un regard de mon côté. J'espère bien que ni toi, Miyako, ni Ryô, vous ne pleurerez. »

Bien sûr que si, je pleurerai ! J'ai répondu du tac au tac. Mais enfin qu'est-ce qu'elle a à insister comme ça sur sa mort ! Je lui en voulais. En même temps, j'avais du chagrin. J'ai pensé que maman aussi était triste. Avoir ce genre d'attitude en un pareil moment était bien d'elle.

« Je viens de me rappeler ce que je voulais vous dire. »

Elle s'est allongée. Elle était si mince, si fragile, que j'ai failli me mettre à pleurer. J'ai pensé que papa ne pleurait pas pour la même raison que moi. J'étouffais quelque chose, je voulais enfouir au fond d'une petite boîte mon amour pour Ryô.

« Vous savez, j'ai eu beaucoup de bon temps. Ça, on ne peut pas en douter. Je vous demande donc de ne pas avoir d'inutiles regrets », a dit maman d'un ton serein.

L'homme, c'était Ryô, la femme, c'était moi. Ce n'était pas une erreur. Cela avait bien eu lieu.

Le tic-tac de la pendule, qui se mêlait à la respiration, scène fragmentée. Un soir d'été, une nuit de cet été-là.

L'été 1986, au moment où maman était sur le point de mourir, Ryô qui avait déjà quitté la maison dormait dans la chambre qu'il occupait avant, celle qui est maintenant condamnée, la chambre des pendules, ce soir-là, je suis allée le rejoindre et nous avons fait l'amour. Moi qui étais certaine que jamais cela ne se produirait, voilà que cela avait eu lieu, de la façon la plus naturelle qui soit.

Rien n'avait été anormal. Nous étions comme un couple rompu depuis longtemps à l'acte d'amour.

C'est ce que je croyais.

Au moment de faire l'amour avec Ryô, j'avais le pressentiment que si nous consommions notre union, le temps ne pourrait plus s'écouler comme avant. Mais il n'en a rien été. Avant. Pendant. Après. Le temps ne s'est pas arrêté. Aucun vide, aucune explosion, il n'y a rien eu.

Pendant l'amour, j'ai même oublié un instant que l'homme était Ryô.

Je faisais l'amour avec un homme.

Il n'y avait rien d'autre.

Tous ceux avec qui j'avais couché avant, qui m'avaient dit « je t'aime », avec qui j'avais éprouvé des sensations fulgurantes proches de la colère, ne m'avaient jamais donné ce qui m'était donné cette fois.

Ce qui remuait sur moi n'était qu'un corps, ce n'était personne. Moi aussi, je n'étais qu'un corps qui ondulait sous ce poids.

(Pourtant… comme c'est bon !)

C'était la seule chose que je ressentais.

Après, Ryô a remis ses sous-vêtements, l'air gauche.

Tu te sens gêné ? ai-je demandé. Il a hoché la tête. Toi aussi, non ?

Nous nous sommes regardés, avec un sourire contraint. J'étais certaine que je ressemblais à maman, avec l'expression que j'avais à ce moment. Parce que le visage de Ryô ressemblait à papa.

2013 / 2014

Il a fait rudement chaud, cet été, dit Ryô. Moi, je réponds : Mais à force de rester à ne rien faire, l'hiver est arrivé très vite.

On était à la fin de l'année, mais le quartier était calme en dépit de l'animation qui régnait. Le bruit qui envahissait les rues n'empêchait pas les passants de garder une allure posée.

« Si on faisait une salade à la sauce de soja ?

— Oui.

— Bon, alors il faut acheter un gros radis blanc et de ces carottes d'un beau rouge qu'on trouve à Kyôto.

— Je préfère un radis ordinaire.

— Est-ce qu'on prépare des légumes mijotés avec des morceaux de poulet ?

— Que dirais-tu d'y mettre des petites patates douces ?

— J'aimerais mieux les faire cuire à part. »

En cette fin d'année 2013, il y aura près de vingt ans que j'ai commencé à vivre avec Ryô. Et presque trente ans depuis la nuit d'été. J'ai l'impression de me trouver avec un autre moi-même, infiniment plus proche qu'un lien de parenté.

J'ai choisi une décoration avec une branche de pin, un petit *kagamimochi*[10], et j'ai acheté des fleurs. Nous marchions côte à côte avec nos paquets. Les feuilles mortes avaient été balayées. Pas un nuage. Le bleu pâle du ciel s'étendait entre les branches des arbres dépouillés.

« Le ciel est loin, a dit Ryô en plissant les yeux, la tête renversée. Regarde ! Le sillage d'un avion ! »

La ligne vague tracée par l'avion s'élargissait, reliant le ciel et l'horizon.

« Dis…

— Quoi ?

— Non, rien. »

Le bruit de nos pas s'accordait. « Moi qui voulais faire cuire des sagittaires, j'ai oublié d'en acheter », ai-je dit à Ryô, qui s'est mis à rire.

« Tu as dit la même chose l'année dernière, et aussi l'année d'avant ! »

Au fait, voilà près d'un mois que je ne rêve plus de maman. Quand elle m'apparaissait, je souffrais, mais cela m'attriste de ne plus la voir.

Le soir du 31 décembre, tandis que je préparais comme le veut la coutume des nouilles au sarrasin, papa est venu me donner une petite tape dans le dos.

« Qu'est-ce qu'il y a ?

— Rien, j'étais seulement en train de me dire que tu ressemblais de plus en plus à maman.

— Je suis plus âgée qu'elle maintenant, tu sais.

— C'est vrai, je n'y pensais plus. »

Je m'étais retournée vers lui, et il m'a longuement regardée.

« Tu n'as pas beaucoup vieilli.

— Oui, Ryô fait plus âgé que moi maintenant. Il faut dire qu'il a une place dans la société…

— Mais toi aussi, Miyako, tu es solide !

— Qu'est-ce que tu veux dire ? »

Papa a levé les bras en haussant les épaules. Geste que maman faisait souvent.

Papa m'a demandé de ne pas mettre de beignets sur ses nouilles. Lui qui l'an passé encore se régalait de porc pané, de tempura, de croquettes de viande ou de pommes de terre, en un mot, de choses frites. J'ai grandi pendant la guerre, mon organisme a besoin d'huile, disait-il toujours.

« C'est rudement bon, les nouilles accompagnées seulement de pousses, de pâté de poisson, et de feuilles.

— Il y a le bouillon aussi ! »

Ryô a apporté de la cuisine le liquide blanchâtre. Tous les trois, nous avons bu à petites gorgées discrètes, tout en regardant le tournoi de chansons des Rouges et des Blancs [11].

Papa a passé trois nuits à la maison.

« Tu ne veux pas habiter avec nous ? »

Ce n'était pas la première fois que je lui posais cette question, mais il a secoué la tête.

« Non, non, je veux rester seul jusqu'au bout. »

Papa était tout content, le plat mijoté que Ryô avait préparé était délicieux. Ryô a pris la relève de maman. Toi, Miyako, j'ai l'impression que c'est un peu différent. Sûrement parce que c'est un peu fade, ça doit manquer de sel ou de poivre.

« Maman était vraiment une personne pas banale ! » ai-je dit. Papa et Ryô ont hoché la tête. Il nous arrivait de temps en temps de qualifier maman d'originale, d'extrême, de pleine de charme, mais pour finir, nous en sommes restés à « quelqu'un de pas banal ».

« Je pensais que vous étiez jeunes, mais vous allez bientôt avoir la soixantaine.

— Pas avant cinq ans.

— Cinq ans, c'est vite passé. »

Papa nous a longuement regardés. Puis, il a soudain détourné les yeux. On a entendu un oiseau chanter. Sans doute une fauvette.

Les deux jours qui ont suivi le départ de papa après le Jour de l'an, nous les avons passés, Ryô et moi, dans l'intimité la plus parfaite. Nous avons cuisiné ce qui restait des achats de fin d'année et nous n'avons pour ainsi dire pas mis le nez dehors. Je me disais que si j'avais été autrefois témoin de cette intimité, j'aurais certainement éprouvé de l'envie.

La veille du jour où Ryô devait reprendre son travail, nous sommes sortis le soir, pour la première fois depuis une semaine. Nous sommes allés dans un restaurant que nous ne connaissions pas, je ne m'attendais pas à ce que le vin soit si bon, et nous avons bu l'un après l'autre verre de rouge et verre de blanc.

« Ça faisait combien de temps que nous n'étions pas allés dîner en ville tous les deux ?

— Six mois peut-être ?

— On est deux, mais j'ai l'impression que nous ne sommes pas tous les deux, non ? »

J'ai réfléchi vaguement aux paroles de Ryô. Je commençais à être ivre. Voulait-il dire la même chose que moi, cette impression que j'avais depuis quelque temps que Ryô était un autre moi-même ?

« Quoi ? » J'ai fait comme si je n'avais pas entendu.

« Je t'aimais, Miyako », a dit Ryô à voix basse.

Quoi ? La main de Ryô qui tenait le verre tremblait.

Le vin qui remplissait un peu trop le verre était sur le point de déborder. Le vin s'agitait à la pointe des petites vagues que soulevait le tremblement de la main. Ryô a réussi à calmer son tremblement, il a posé son verre sur la nappe.

« Tu m'aimais ?

— Je t'aimais. »

Nous répétions les mêmes mots.

« Pourquoi ? »

Je ne lui demandais pas pourquoi il m'aimait. Je voulais savoir pourquoi il me disait ça maintenant.

« Parce que je t'aime. »

Ce n'était pas une réponse.

J'ai avalé une gorgée de vin, c'était amer. J'étais contente, pourtant j'étais amère.

« Maintenant aussi, tu m'aimes ?

— Je t'aime, mais au fond, aimer, qu'est-ce que c'est ? »

Alors comme ça, tu t'amuses à dire les choses, et après, tu ne comprends plus ? C'est malin ! Espèce d'idiot ! Il y avait longtemps que je ne lui avais pas dit ça, ce mot que j'avais toujours à la bouche quand nous nous disputions.

« Quel idiot tu fais ! »

Ryô a ri. La tension s'est légèrement relâchée. Je me suis rendu compte que je n'avais jamais réfléchi jusqu'au bout à la signification du verbe *aimer*. Tomber amoureux, aimer, se marier, avoir des enfants. Ils vécurent heureux. J'avais vécu sans connaître ce genre d'amour. Elles sont pourtant innombrables, les femmes qui ne se marient pas, qui n'ont pas d'enfant, et qui connaissent malgré tout le sens du verbe *aimer*.

J'ai senti mon cœur se contracter.

Je ne voulais pas en rester là. Je voulais que Ryô parle encore. J'avais beau savoir que rien ne se jouait avec des mots, je désirais qu'il parle, j'avais soif de paroles, je voulais des mots, encore des mots.

« Moi aussi, je t'aimais. »

J'avais parlé simplement pour que la conversation ne s'arrête pas là.

« Je sais.

— Qu'est-ce que tu vas imaginer ? Espèce d'effronté ! »

Nous étions en train de nous dire des choses à la limite du dicible, pourtant la discussion avait pris un tour familier. Etait-ce parce que nous étions les enfants de papa et maman, ou bien parce que nous avions déjà vécu ensemble de longues années ?

« Tu te souviens de la nuit d'été ?

— Comment pourrais-je l'oublier ?

— Tu n'as jamais cessé d'y penser ?

— Je voudrais de toutes mes forces ne pas y penser, mais…

— Mais ?

— Ça ne me quitte jamais.

— Et tu as quand même décidé d'habiter avec moi ? »

Ryô a fait oui de la tête. Comme quand il était enfant.

Tu comprends, c'était insupportable d'être seul. Quand il y a eu l'histoire du gaz sarin, j'avais beau savoir que je mourrais un jour, que c'était inévitable, c'était trop terrible d'être seul... a-t-il murmuré.

Tu savais que les têtards peuvent pousser un cri ?

Je me suis brusquement souvenue de ce que Ryô avait raconté quelque temps après la mort de maman.

Comment, tu veux dire que les têtards font entendre leur voix ? Je n'en revenais pas.

Les têtards en question vivent en Afrique, sur une île, ils ont plus de dix centimètres de long. Leur queue est vigoureuse, ils sont carnivores, sans doute parce qu'ils vivent dans un milieu où la nourriture se fait rare. Quand ils n'ont presque plus rien à manger, ils dévorent des têtards d'une espèce différente. Ils mordent avec force, et au moment où ils se précipitent sur leur proie, ils poussent un cri, comme un claquement sec.

Je me demandais pourquoi Ryô me fournissait ces explications avec tant de sérieux.

Oui, je me rappelle, c'était le quarante-neuvième jour après la mort de maman [12]. A côté, Takeji écoutait avec intérêt, et il a lancé en riant :

« J'ai bien l'impression que ces têtards lui ressemblent !

— En étudiant comment les espèces s'adaptent à un milieu particulier, une île par exemple, comment elles mutent, comment elles se développent, on peut évaluer la richesse et la complexité de leur évolution, a expliqué Ryô avec simplicité.

— Je ne comprends pas bien, a dit Takeji en secouant la tête.

— Eh bien, je crois qu'on peut évaluer le degré d'évolution des têtards, qui se divisent en plusieurs espèces, en fonction de la superficie du territoire que chaque espèce occupe et de la spécificité de ses rôles. Moi non plus d'ailleurs, je ne comprends pas exactement ce qu'il en est.

— Alors, les êtres humains aussi prospéreraient s'ils se répartissaient selon leur espèce ?

— Des espèces différentes, hum !

— Oui, par exemple votre mère et votre père, des gens un peu différents de la normale… »

Je me suis amusée à imaginer le têtard en train de pousser un cri au moment de la capture, le fameux claquement sec. Féroce, la tête ronde, un têtard géant.

« Cette différence n'est pas d'ordre biologique, non ? » a répondu Ryô avec sérieux.

Takeji a étouffé un rire.

Il ne s'agit pas de la même chose.

Différence.

Le mot résonnait dans ma tête. Une nuit de cet été-là. Ryô et moi étions-nous devenus différents des autres ?

« Les êtres humains ne diffèrent jamais tellement entre eux, tu sais, a dit Ryô sans une hésitation. L'espèce humaine n'évolue pas pour créer une sous-espèce, ou encore une espèce différente, c'est ça qui est curieux !

— Les hommes sont tous pareils ? Pourtant la couleur de la peau, les différences, ça existe ! »

Sous le coup de la surprise, je n'avais pas pu m'empêcher de mettre mon grain de sel.

Les êtres humains ne peuvent s'accoupler qu'entre eux. Comme les chiens. Qu'il s'agisse d'un gros chien ou d'un petit, qu'il aboie sans arrêt ou qu'il soit silencieux, qu'il coure vite ou qu'il reste sans bouger, si ce sont des chiens domestiques, ils vont s'accoupler.

De nouveau, j'étais étonnée. Ce mot d'accouplement. J'ai fixé Ryô, mais il a évité mon regard.

Je n'avais jamais trouvé les mots pour penser à ma nuit avec Ryô. Encore maintenant, je ne savais pas. Le mot *accouplement* était brutal, mais il me semblait d'autant plus libre d'impureté. Néanmoins, cela n'avait pas été un accouplement.

Nous nous étions servis de notre corps, mais ce n'était pas pour lui. Nous l'avions utilisé pour prouver quelque chose.

Comparés aux autres êtres vivants qui continuaient à se croiser et à s'hybrider naturellement, que le milieu y soit favorable ou non, en comparaison de leur absolue pureté, combien Ryô et moi, et d'ailleurs tous les êtres humains, combien étions-nous complexes, et partant, impurs !

Après le Jour de l'an, les journées froides se sont succédé. Une vague de froid revenait.

Depuis le jour où Ryô et moi étions sortis, depuis le soir où nous avions bu du vin, le temps avait repris son cours. Je t'aimais, m'avait-il dit. Les paroles de Ryô avaient-elles changé quelque chose, non.

Nous échangions quotidiennement quelques mots. Il a fait beau aujourd'hui. Le train était bondé, encore plus que d'habitude. Le virement a du retard, j'en ai assez. Les heures supplémentaires sont limitées, c'est fatigant de continuer à travailler gratuitement. Les narcisses du jardin ont fleuri, tu sais, ceux que maman avait plantés, à fleurs blanches.

Les choses sans importance du quotidien, murmurées plutôt qu'énoncées. Les mots qui restaient enfermés quand j'étais seule, ces mots n'atteignaient peut-être pas le noyau de l'autre, mais au moins ils touchaient la surface. C'est ce qui nous décrispait, qui assouplissait notre corps. Allant jusqu'à nous laisser deviner la psychologie de l'autre.

J'ai voulu voir une rivière. Une rivière par temps froid.

Non pas une rivière au lit large, mais l'une de celles qui coulent dans n'importe quel quartier. J'ai pris le métro jusqu'au centre de la capitale, je suis descendue un peu au hasard et j'ai marché. Les remblais de béton, les quais, me sont apparus entre les buildings. J'ai descendu un escalier et j'ai entendu le cri des mouettes. A l'endroit où étaient amarrées les barques, plusieurs mouettes étaient rassemblées. Je me suis demandé quel lien les unissait.

Bonjour ! ai-je crié. Les oiseaux se sont envolés tous en même temps. Deux mouettes cependant restaient posées sur la toiture d'un bateau. Elles étaient dos à dos, mais ne semblaient pas vouloir s'envoler.

Pourrais-je me séparer de Ryô ? Je m'interrogeais.

Quand j'étais petite, je ne pouvais même pas imaginer que le moment viendrait de quitter maman. Et précisément parce que je ne pouvais pas l'imaginer, j'ai essayé de me représenter cette séparation comme une chose effrayante. J'ai cru devenir folle. Ce n'était pas de la tristesse, ni du chagrin, je ressentais une douleur semblable à une blessure qu'on aurait infligée à mon corps. J'avais l'impression que je cesserais d'être moi-même.

Pourquoi ?

J'ai murmuré en direction des mouettes.

Pourquoi est-ce que je m'attache ?

Est-ce cette chose qui a pour nom l'amour ? Cette chose inexplicable. L'attachement. Utiliser ce mot convenait bien mieux.

Est-ce que j'aime toujours Ryô ? De nouveau, je me suis adressée aux mouettes. Les oiseaux m'ont répondu, oui, tu l'aimes, tu l'aimes à n'en plus pouvoir.

A partir d'un certain moment, Ryô s'est mis à rentrer plus tôt.

Quand nous avons commencé à habiter ensemble, je n'avais presque jamais l'occasion de dîner avec lui. Le dimanche aussi, il allait au bureau. Mais ces derniers temps, il rentre avant huit heures deux fois par semaine.

« La compagnie bat de l'aile ? ai-je demandé, ce qui l'a fait rire.

— C'est que les temps sont difficiles. Mais si je peux quitter plus tôt le travail, c'est parce que je me suis écarté de la trajectoire, je n'ai plus de chances d'avoir de l'avancement. »

Avancement, promotion. Que Ryô prononce ces mots qui ne lui ressemblaient pas m'a fait une curieuse impression. J'oubliais trop vite qu'il vivait dans un monde où régnaient ces mots avec arrogance.

« Trajectoire, c'est bizarre !

— Oui, au fait, c'est vrai.

— Est-ce que tout le monde parle d'avancement au bureau ?

— Bien sûr que non. »

En même temps, Ryô a baissé la tête.

« Tu aurais voulu être dans la trajectoire ?

— Tant qu'à faire, oui, puisque je suis entré dans une entreprise.

— C'est vrai ?

— Non, ce n'est pas tout à fait vrai.

— C'est vrai, ce que tu dis là ?

— Non, j'aurais voulu arriver à un poste élevé. »

Etait-il vraiment sincère ? Je l'ai considéré comme si j'avais devant moi un inconnu. J'ai songé que l'homme que j'avais devant moi me plaisait.

« Tu n'as jamais l'impression d'être un personnage que quelqu'un voit en rêve ? a dit Ryô comme si lui-même était en train de rêver.

— Nous ne rêvons pas du tout. Je suis là maintenant, toi aussi. C'est toi qui as décidé de revenir dans cette maison. »

En même temps, j'ai regardé Ryô droit dans les yeux. Il a eu l'air de revenir à lui. Puis il a éclaté de rire.

« Mais oui, c'est vrai, je n'y pensais plus ! »

La chose qui pesait sans cesse sur nous de tout son poids, comment s'est-elle défaite ? Sans doute, cela ne s'est pas fait brusquement, elle s'est détachée peu à peu.

Un certain dimanche matin, j'ai regardé à côté de moi, Ryô était là.

Il était toujours à côté de moi, pourtant c'était comme si je le voyais pour la première fois. J'ai tendu la main. J'ai effleuré ses cheveux en désordre. J'ai caressé sa joue. Puis je me suis de nouveau enfouie sous l'édredon, et je suis restée allongée sur le dos.

La main de Ryô s'est approchée de moi. Elle a saisi la mienne. Immobilité de quelques instants. J'avais soif, mais je ne me suis pas levée.

J'ai changé de position. Je me suis retournée pour avoir le visage du côté de Ryô. Il s'est retourné à son tour et ne m'a pas quittée des yeux. Sa main s'est avancée doucement jusqu'à mes paupières. J'ai fermé les yeux. Le visage de Ryô a disparu. Au-delà de mon champ visuel obscurci, je percevais vaguement le mouvement de la main de Ryô. Du bout des doigts, il a effleuré mes lèvres, ma peau cette fois le percevait.

Je me forçais à ne pas ouvrir les yeux. Les doigts ont effleuré mes paupières closes, glissant sur mon front, mes joues, la ligne de mon cou. Cet été-là, Ryô n'avait pas eu des gestes si lents, si calmes. C'étaient des gestes nés du désir, une volonté d'écraser quelque chose.

Avec lenteur, j'ai ouvert les yeux.

« Tu veux ?

— Si tu veux », a répondu Ryô doucement.

J'ai pris son visage entre mes mains. Le souvenir de maman m'a effleurée. Un tout petit peu seulement.

« Ne t'inquiète pas, c'est aussi bien comme ça », ai-je dit. Ryô a fait oui de la tête.

« Oui, tu as raison. Ça n'a plus beaucoup d'importance... » a-t-il répondu gravement.

C'est ce qui fait que j'ai pris le visage de Ryô entre mes mains.

Ça n'a plus d'importance. Tu as raison. En même temps, nos corps se cherchent. Dans le lit qui garde la chaleur de nos corps, nos jambes se mêlent. Le désir s'éveille, monte peu à peu. Justement parce que nous savons que la jonction de nos corps ne peut rien prouver, nous faisons l'amour dans la paix.

C'est bien, le dimanche.

Oui, on prend son temps.

Le soleil est vif.

Oui, les cerisiers seront bientôt en fleur.

Impossible de distinguer mes jambes de celles de Ryô. Les doigts de Ryô, ses bras, son ventre, son dos, la peau fine qui enveloppe son crâne, ses cheveux, tout est à moi, tout de moi lui appartient.

Tu sais, avant-hier, je me suis rappelé, commence Ryô.

C'était à peu près comme maintenant. Les cerisiers allaient bientôt fleurir. Je pensais que je n'avais rien vu, mais ce n'est pas vrai. J'ai vu une femme à terre. Effectivement, j'étais monté dans une voiture de queue, mais je me trouvais légèrement plus en tête que ce que j'avais gardé en mémoire. Mon imperméable me faisait transpirer, conformément à mon souvenir. Mais le fait que je n'aie rien vu, que j'aie simplement eu une appréhension, c'est un faux souvenir.

La femme qui était à terre m'a donné l'impression d'un mannequin. Les bras et les jambes étaient inertes, je me suis dit qu'il n'y avait plus rien à faire. J'avais peur. J'avais assisté plusieurs fois à des obsèques, j'avais déjà vu des cadavres, mais c'était la première fois que je me trouvais en présence de la mort toute nue, dans son évidence. Bien plus que quand maman est morte, la mort de cette inconnue était palpable, intensément. Après, j'ai appris le mot de sarin, mais je savais déjà que quelque chose d'injuste était arrivé, qui avait brutalement pulvérisé la vie de cette femme.

Je ne voulais pas voir la mort. Je me suis dirigé en toute hâte vers le bureau, je voulais au plus vite m'éloigner de la mort. Quand j'aurais pénétré dans l'immeuble par l'entrée impeccable de propreté et que je rejoindrais l'étage habituel où je travaille, je pourrais faire comme si la mort n'existait pas.

A cette époque, nous étions éloignés de la mort, n'est-ce pas ? Moi, ce n'était pas seulement parce que j'étais jeune, non, je faisais en sorte de ne pas voir la mort. Tu n'as pas la même impression ?

Seulement, l'attentat au gaz sarin qui a suivi le tremblement de terre de Kôbe m'a rapproché de la mort. Comme les mines enterrées, la mort était partout, et il suffisait que je pose le pied dessus pour qu'elle me happe, ça, je l'ai bien compris.

Miyako ! Ryô m'a appelée.

Comme mon corps était serré contre le sien, je ne pouvais pas distinguer son visage. Je me suis un peu éloignée et j'ai longuement regardé ses yeux, ses lèvres, ses narines.

Ryô ! A mon tour, je prononce son nom.

Nos doigts emmêlés se séparent. Pour chercher nos corps plus profondément, encore et encore.

Nahoko est en train de détacher soigneusement la pellicule transparente qui entoure son gâteau. Quelques miettes y restent collées. Etalant bien à plat le papier sur l'assiette, elle les ramasse du bord de sa fourchette. Elle porte à sa bouche les petites miettes, comme si elle suçait la fourchette.

« Si je ne fais pas ça, je ne peux pas entamer tranquillement mon gâteau ! » dit-elle en riant.

Nous étions assises l'une à côté de l'autre au comptoir. Exactement à hauteur de notre regard, une partie de la grande vitre qui faisait face à la rue était en verre dépoli.

« C'est toujours comme ça, ce genre de café, c'est vitré mais on ne peut voir qu'à partir de la taille les gens qui vont et viennent ! » déplorait Nahoko. Nous étions entrées dans ce café près de la gare parce qu'elle avait déclaré vouloir venir au moins une fois dans un de ces établissements qui appartiennent à une grande chaîne. Elle avait longuement regardé la carte mise à la disposition des clients à côté de la caisse, avant de commander un café et un gâteau moelleux comme une brioche. Moi, j'avais demandé un thé du genre infusion.

« Qu'est-ce qui te prend de passer une commande digne d'une mémé ? »

Nahoko montrait sa surprise, mais depuis quelque temps, j'avais du mal à m'endormir si je prenais trop de caféine.

« J'ai bien l'impression que ma mère a commencé à dire qu'elle avait vieilli à peu près à l'âge que nous avons maintenant, a dit Nahoko en prenant une bouchée de gâteau. Tu vois, ça, ça a un tout petit peu un goût américain !

— Ce n'est pas pour rien que c'est une chaîne qui vient des Etats-Unis…

— Ce qui est marrant, c'est qu'il y ait des infusions. »

Des bottes, des talons plats, des brides, des sneakers, encore des bottes. Nahoko s'amusait à énumérer ce qui défilait devant ses yeux, sans pour autant regarder vraiment.

« Tu ne comptes pas les chaussures d'hommes ?

— Les chaussures d'hommes, c'est sans intérêt, je sais pas pourquoi, mais je trouve que c'est nul. »

Je me demandais soudain à partir de quand Nahoko avait cessé de parler avec un pur accent américain.

« Je crois que maman n'a jamais dit une seule fois qu'elle avait vieilli…

— C'est vrai qu'elle était encore jeune ! »

En effet, maman était morte à un âge que nous-mêmes avions déjà dépassé. Mais je suis persuadée qu'elle n'aurait jamais parlé de vieillir, quel que soit son âge.

Tandis que ma pensée vagabondait, je me suis brusquement aperçue que je ne pouvais pas évoquer le visage de maman.

« Qu'est-ce que tu as ? Tu as l'air complètement absente. »

Mais non. Je secouais la tête. Escarpins, sneakers, sneakers, bottines.

La floraison des pruniers était sur le point de finir mais les gens étaient tous chaudement vêtus. L'hiver avait été froid cette année. Il y avait eu beaucoup de neige, beaucoup de pluie aussi. Une seule fois, Ryô et moi étions restés enlacés dans la chaleur de nos corps.

J'ai remarqué que la maison faisait entendre des craquements, un jour de l'année 2014, au moment où les boutons étaient sur le point de s'ouvrir. Deux maisons plus loin, les branches du beau cerisier qu'on voyait de la fenêtre de la cuisine s'étaient teintées de rose.

« Demain, il sera en fleur, sûr ! » a dit Ryô en regardant l'arbre par-dessus mon épaule.

Dans la journée, tandis que je mangeais toute seule un toast, j'ai entendu un craquement.

Il n'y avait rien d'extraordinaire à ce que cette vieille maison émette des bruits inexplicables, mais cette fois, c'était bien plus fort que d'habitude.

A l'instant où je versais de l'eau chaude dans ma tasse à thé, le bruit de quelque chose qui se déchire a retenti dans toute la maison, et tout a tremblé.

Me doutant que c'était un tremblement de terre, je me suis levée pour regarder le plafond. La lampe se balançait doucement. Je suis restée quelques instants sans bouger. Le balancement s'est bientôt calmé, mais j'ai ressenti une violente appréhension.

J'ai monté l'escalier quatre à quatre et je suis restée debout dans le petit couloir du premier étage. J'ai regardé dans la chambre qui était restée grande ouverte. Il n'y avait rien d'anormal. A travers la vitre de la petite fenêtre au fond du couloir, on apercevait des bourgeons éclatants de verdeur.

Ce n'était rien.

Tout en parlant à mi-voix, je m'apprêtais à redescendre, lorsque soudain je me suis inquiétée pour la pièce condamnée. J'ai regardé par le trou de la serrure mais il faisait trop sombre pour distinguer quelque chose. Je suis allée chercher la clé dans un tiroir de la cuisine et je suis remontée en hâte. J'ai donné un tour de clé, et au moment où la porte s'est entrouverte, j'ai eu une quinte de toux. Tout était dévasté.

Le plafond s'était ouvert. Les pendules que papa avait laissées, l'ancien lit de Ryô, les étagères que les livres avaient fuies, tout était recouvert de débris. J'ai fait marche arrière, j'ai de nouveau entendu un énorme bruit et un gros morceau de plafond est tombé.

Ensevelies sous les décombres, horloge et pendules continuaient à faire entendre leur tic-tac.

« Eh bien, on a fait fort ! s'est exclamé papa en levant les yeux vers la charpente à nu. Maman aurait sûrement trouvé ça très amusant ! »

L'entrepreneur venu examiner les dégâts déclarait qu'il était impossible de remettre les choses en état. Non seulement la construction remontait à loin mais les termites avaient fait leur travail, semble-t-il.

Le tremblement de terre a causé des dommages en plusieurs endroits, vous comprenez. Je pense que ce n'est pas seulement la chambre dont le plafond est tombé, mais la maison dans son ensemble qui est fatiguée. C'est de cette façon que l'entrepreneur expliquait les choses.

« La maison est fatiguée ! » répétait papa, l'air étonné mais qui approuvait cependant.

Il a hoché la tête quand je lui ai dit que l'entrepreneur estimait qu'au prochain séisme d'envergure, tout risquait de s'écrouler.

« Alors il faut la démolir ? » a-t-il demandé d'une voix claire. Ryô et moi nous sommes regardés.

« Maman n'aurait sûrement pas apprécié. Parce que cette maison, elle l'aimait. Mais bon, il est temps ! »

Il a eu un petit rire. Il a haussé légèrement les épaules, et pour éviter de faire de la poussière, il s'est mis à marcher avec précaution sur les grands carrés de tissu que nous avions étalés pour couvrir les débris.

Par moments, il soulevait un coin d'étoffe, et à chaque fois, il s'étonnait.

« Une maison, c'est fait de copeaux de bois, en fait.

— Pas à l'origine, quand même.

— C'est une chose fragile ! »

Je me suis rappelé certains propos de Nahoko.

Tout en mangeant son gâteau, elle m'avait parlé d'une ville où elle était allée peu de temps avant. Cette ville était traversée par une rivière. Elle y était allée cet hiver où il avait beaucoup neigé, un jour où la neige s'était mise à tomber. Une petite ville en hauteur où nous avions fait un voyage ensemble autrefois.

« Je ne peux pas expliquer pourquoi, mais elle me donnait l'impression d'être un jouet », m'a raconté Nahoko en regardant dans le vide. Seules les fenêtres orientées du côté de la mer avaient disparu. Si on regardait du côté terre, on aurait dit des maisons ordinaires, mais quand on les contournait du côté de la mer, on aurait dit qu'un géant ou je ne sais quoi avait pressé de ses doigts gigantesques les vitres, si bien que les fenêtres de toutes les maisons avaient été broyées. Des bâches bleues les recouvraient.

Ryô et moi avons vécu un certain temps dans cette maison que maman nous avait laissée, nous contentant d'un rafistolage provisoire, rabotant et renforçant la charpente.

« Il va bientôt falloir prendre une décision, hein ?

— Tu as raison. »

Tout en échangeant ce genre de dialogue, nous étions tous les deux conscients que nous n'étions pas près de cesser de tergiverser.

« Vous n'avez qu'à faire construire une nouvelle maison », a dit Nahoko. Entre-temps, elle s'était entichée du café et saisissait toutes les occasions pour m'y entraîner, le temps d'avaler une tasse en bavardant.

« A force de te voir tout le temps, je ne peux pas m'empêcher de me rappeler les vacances d'été de notre enfance, pas toi ?

— Tu buvais tout le temps des bouteilles de Seven Up ! »

Nahoko a prononcé *Sevenââ*... Il y avait longtemps que je n'avais pas entendu sa prononciation à l'américaine.

« J'aimais le bruit du pétillement, moi, tu sais.

— Pshshsh ?

— Non, ça, c'est le bruit des bulles à l'extérieur.

Le pétillement ne fait pas le même bruit quand les bulles pénètrent à l'intérieur du corps.

— Quel genre de bruit ça fait ? »

Tchin-tchin, dans ce goût-là. Quand l'eau gazeuse est passée dans la gorge en pétillant au point de faire mal, on entend ce léger bruit à la naissance de la poitrine.

« C'est que nous sommes constitués presque entièrement d'eau, a murmuré Nahoko tout en tripotant le couvercle en plastique de sa tasse. Quand on avale de l'eau, l'organisme l'accueille par un bruit.

— C'est bizarre », ai-je dit en riant, mais en réalité je voyais plus ou moins ce que Nahoko voulait dire.

Quand Ryô entrait en moi, nos corps ondulaient comme frissonne la surface de l'eau. Nos corps constitués d'eau plongeaient l'un dans l'autre. Quelles sonorités émettait alors l'eau de mon corps en se mêlant à celle de Ryô ?

« Nous n'avons pas de quoi faire construire une maison, tu sais.

— Même une petite, toute petite maison ? »

Tout en bavardant, j'ai aspiré le thé qui restait dans ma tasse en carton. Fugitivement, je me suis souvenue du thé léger que j'avais préparé pour maman.

C'est dans le courant du mois de mai que Ryô a trouvé quelque chose qui nous permette de déménager.

« C'est un immeuble tout près d'ici, et il paraît que deux studios vont se libérer en même temps.

— Nous n'habiterons pas ensemble ?

— C'est très petit, tu sais.

— Tu tiendras le coup ?

— Quand je me sentirai trop seul, j'irai dormir chez toi. »

J'ai commencé à mettre de l'ordre dans la maison. Il restait beaucoup d'affaires ayant appartenu à maman.

« Moi qui croyais que j'avais jeté des tas de choses ! »

J'étais à la fois dépitée et surprise. Nahoko est venue m'aider et elle a dit en sortant une robe de maman :

« Elle était vraiment élégante, ta mère ! »

La garde-robe de maman était en parfait état. Il y avait déjà trente ans qu'elle était morte, je ne m'étais jamais particulièrement occupée de son vestiaire, mais il m'a semblé que le parfum qu'elle mettait toujours allait s'exhaler de l'étoffe.

Maman m'est apparue avec une telle vivacité que j'ai sursauté. Il y avait longtemps que cela ne m'était pas arrivé. Malgré moi, j'ai poussé un cri. Nahoko elle aussi semblait avoir eu la même impression que moi.

« Elle avait un grand pouvoir de séduction, hein ?

— Oui, mais en même temps, il était impossible d'expliquer pourquoi on tombait sous le charme ! »

Tandis que nous échangions ce genre de propos, les vêtements de maman disparaissaient les uns après les autres dans des sacs.

« Tu vas tout jeter ?

— Personne ne va les porter.

— Je crois que ça irait bien à Kaoru… »

J'ai partagé les bijoux entre Nahoko, Kaoru et moi, mais personne ne voulait des vêtements. Qui en effet aurait pu les mettre ? Maman était la seule à pouvoir s'habiller ainsi, chacune de nous en avait l'intuition.

Mais non, pas du tout ! aurait sans doute dit maman d'un ton dégagé. Ces vêtements n'ont pas été confectionnés spécialement pour moi. On voit partout les mêmes. N'importe qui pourrait les mettre. Quel dommage ! Le tout accompagné d'un haussement d'épaules presque imperceptible.

J'avais très peu de choses à emporter dans le déménagement. Ryô également. Sa collection de chaussures s'était considérablement réduite, sans qu'on s'en aperçoive.

Tu te souviens de cette ville ? a demandé Nahoko tout en plantant le bout de sa fourchette dans son gâteau.

Ce voyage que nous avions fait toutes les deux pendant l'été, quand nous étions à l'université.

J'ai pensé que nous parlions encore du passé. Bien plus que les vieilles histoires que nous racontait maman, Nahoko et moi avions souvent ce genre de conversation. Pouvoir parler du passé n'est possible que si nous avons près de nous quelqu'un qui l'a partagé. Je suis certaine par exemple que si maman parlait du passé, c'est parce que papa était là. Et même si personne n'est à côté de nous, il suffit que ce quelqu'un existe quelque part.

Oui, je me rappelle. C'était l'été, il faisait chaud, mais le soir apportait de la fraîcheur. Je me souviens de l'auberge près de la rivière où nous avons passé la nuit. Il n'y avait rien dans cette ville, hein ?

Nahoko a fait oui de la tête. C'est vrai, il n'y avait rien quand j'y suis retournée l'autre fois, comme quand nous y avons passé la nuit, mais…

« Il n'y avait rien, mais ce rien s'était intensifié, comment dire, rien de rien, tout avait disparu. »

La route qui longeait la mer, il y avait bien cent mètres qui séparaient la route du bord de mer, mais à part quelques pins qui se dressaient de loin en loin, il n'y avait plus rien. Le temps avait passé depuis le séisme, mais les champs et les rizières étaient devenus des terrains vagues, on apercevait seulement par-ci par-là des grues au milieu des étendues en friche. J'y suis allée un dimanche, il neigeait beaucoup, personne pour faire marcher les pelleteuses, elles étaient là, c'est tout.

« Quelques maisons, et puis un temple aussi, n'avaient pas été détruits. »

C'est après que Nahoko a parlé des fenêtres du côté de la mer, avec leurs vitres pulvérisées, comme si on les avait raclées d'un coup.

« Comment était la rivière ?

— Comme autrefois. Enfin, je crois. »

Parce que c'est un souvenir vieux de trente ans ! a dit Nahoko en riant. Impossible de faire confiance à une vieille mémoire !

Quand j'avais vu à la télévision le raz-de-marée qui recouvrait la rivière qui rejoignait la mer, je n'avais pas un instant songé que c'était là que nous avions marché autrefois, Nahoko et moi, sur ces mêmes berges.

« La rivière était calme. Peut-être à cause de la neige. L'eau coulait mais sans faire aucun bruit. Comme quelqu'un qui a perdu sa voix. »

Nahoko a laissé la moitié de son gâteau. Escarpins. Bottes. Bottes. Tiens, des sandales. C'est pas évident ! Au fond de sa voix, se tenait caché le visage qu'elle avait à vingt ans. Le temps reste enfoui à l'intérieur de notre corps. Aujourd'hui plus long que le temps qu'a vécu maman, il se déroule à peine enroulé, encore et encore, il forme des rubans qui se superposent dans notre corps.

Avant même que la maison ne soit démolie, un acheteur s'est présenté.

« Depuis quelque temps, les terrains se vendent de nouveau », avait déclaré Takeji. La vente a été conclue sans passer par une agence, c'était quelqu'un à qui Takeji avait présenté l'affaire.

« Voilà ce que c'est que de s'y connaître !

— Pourtant, je ne vois pas ce qu'un marchand de papier a de commun avec un agent immobilier.

— Peut-être, mais au niveau des affaires, c'est du pareil au même. Le commerce, c'est le commerce ! »

Nous avons mis à la banque l'argent de la vente que nous avions partagé en parts égales. Est-ce que vous pensez sérieusement à la retraite tous les deux, ou à d'autres choses ? N'oubliez pas que quand vous serez vieux, je ne serai plus de ce monde, papa non plus, a dit Takeji d'un air grave. Nous aussi, nous étions sérieux.

Le mot de vieillesse est un mot avec lequel nous n'arrivons pas à nous familiariser. C'est comme s'il ne nous restait plus beaucoup de temps, une impression de ce genre. C'est peut-être aussi que nous ne voulons pas y penser, une sorte de préjugé, une illusion.

Ryô avait pris un congé, et nous avons décidé d'aller passer deux nuits quelque part. Takeji nous a appris que la veille de notre départ coïncidait avec la démolition de la maison.

« Tu veux y aller ?

— Non, je n'ai pas envie de voir ça.

— Tu as raison. »

Le jour du départ, il faisait très beau. Nous avions prévu de passer par la ville où était allée Nahoko l'autre fois, la ville où coule une rivière, et de continuer un peu plus loin vers le nord.

J'ai marché en silence avec Ryô dans plusieurs villages. La ville de la rivière, les endroits que nous avions traversés en cours de route, tout était silencieux.

Nous marchions sans but, et nous nous sommes égarés dans un hameau où un homme balayait son jardin, nous lui avons demandé le chemin qui conduisait à la mer. Il nous l'a expliqué en détail, d'une voix lente et comme s'il parlait entre ses dents.

Quand nous avons regagné notre chambre d'hôtel, j'avais des élancements dans les jambes.

« Qu'est-ce qu'on a marché, dis donc !

— On va dormir comme des loirs ce soir. »

En réalité, nous avons dormi d'un sommeil léger. Le lendemain matin, la chambre baignait dans un beau soleil. Quand je me suis réveillée, je suis allée me glisser dans le lit de Ryô. Nous sommes restés immobiles, épaule contre épaule. J'ai passé un doigt sur les joues de Ryô. Lui m'a doucement caressé les cheveux.

« J'ai peur, tu sais, toi aussi ?

— Oui, j'ai peur.

— De quoi ?

— C'est toi qui as commencé !

— Qu'est-ce qui te fait peur à toi ?

— D'aimer, de t'aimer.

— Pas d'être comme nous sommes en ce moment ?

— Parce que toi, Miyako, c'est ça qui t'effraie ? Etre comme nous sommes en ce moment ? »

Non, ce n'est pas ça. J'ai senti le regard de maman. Mais ça ne m'a pas dérangée. Ryô et moi étions toujours jugés. Par tous ceux que nous connaissions. Mais il n'existait personne nulle part pour nous juger véritablement.

« Tu crois que nous allons encore vivre comme ça longtemps ?

— Oui, je crois. On ne peut pas descendre en route, même si on le voulait.

— Mais si je ne veux pas descendre, et que pourtant on m'oblige à descendre ?

— C'est ça qui te fait peur ? »

Une fois de plus, j'ai fait non de la tête. Ce bonheur d'être à côté de Ryô, c'est ça qui me faisait peur. Rien d'autre.

Soudain, j'ai entendu la voix de l'eau. Un courant vif et pur, sans intention, une eau du bout du monde.

Ryô et moi n'avons pas encore atteint le bout du monde. Personne peut-être ne peut y accéder. Maman, papa aussi, ont-ils souhaité y parvenir ?

Un oiseau du rivage, un seul, est posé à la surface de l'eau sombre. Nahoko avait dit que l'oiseau solitaire n'avait nullement l'air triste. Il se tenait immobile, couvert de neige. C'est exactement l'impression que donnait votre mère.

Quand nous sommes revenus à Tôkyô, la maison était démolie, il ne restait que le terrain nu et plat. C'était bien plus petit que je ne le pensais. Le cerisier nain qu'aimait maman, les hortensias, tout avait disparu.

L'été reviendra. On entendra de nouveau le cri d'un oiseau, bref et sourd. Aujourd'hui, j'ai envie d'aller voir Ryô.

NOTES

1. Amphi Yasuda : grande salle dans l'université de Tôkyô, principalement utilisée pour les cérémonies (remise des diplômes entre autres) ; elle a été occupée par les étudiants lors de violentes manifestations pour réclamer une réforme du système universitaire, entre la fin de l'année 1968 et le début de l'année suivante.

2. Les pays cités ici s'écrivent généralement en *katakana*, à l'aide de quatre lettres.

3. Un *tsubo* équivaut à 3,3 mètres carrés.

4. *Shôchû* : saké non distillé à base de riz fermenté, de patate ou encore de millet, qui se boit généralement coupé d'eau chaude.

5. Cérémonie des sept jours : cérémonial en usage dans le bouddhisme pour demander l'entrée du défunt au paradis.

6. Quartier Ameyoko : fameuses rues commerçantes non loin d'Ueno.

7. Chemisier à fleurs : symbole du mouvement « flower children » des années 1960 contre la guerre, dont le slogan disait à peu près : « Distribuez des fleurs, pas des armes ! »

8. Atones : littéralement, adeptes des trois « sans » : sans énergie, sans passion, sans responsabilité.

9. Triangle des âmes mortes : petit morceau d'étoffe de couleur blanche dont l'une des significations est de purifier le mort avant son départ pour l'au-delà.

10. *Kagamimochi* : décoration traditionnelle à l'occasion du Jour de l'an, constituée de deux boules de riz pilé superposées, de grosseur différente.

11. Tournoi de chansons des Rouges et des Blancs : émission très populaire diffusée sur la NHK, le soir du 31 décembre, à laquelle participent les grandes vedettes de la chanson. Un jury ainsi que le vote du public décident de la victoire qui sera attribuée soit à l'équipe féminine (les Rouges), soit à l'équipe masculine (les Blancs).

12. Quarante-neuvième jour après la mort : cérémonie qui consacre la fin de l'errance de l'âme du mort et son entrée dans l'autre monde.

Achevé d'imprimer sur les presses
de l'imprimerie Black print
Espagne

Dépôt légal : septembre 2018

CPI
BLACK PRINT